Nicole Laudut / Reiner Hanke

Französisch
Übungen für zwischendurch

Hueber Verlag

Umschlagabbildung:
© Getty Images/iStock/Alphotographic

Dieses Werk ersetzt die ISBN 978-3-19-007911-7 (Power-Wortschatz Französisch).

3. 2. 1. | Die letzten Ziffern
2022 21 20 19 18 | bezeichnen Zahl und Jahr des Druckes
Alle Drucke dieser Auflage können, da unverändert, nebeneinander benutzt werden.
1. Auflage

Umschlaggestaltung: Sieveking · Agentur für Kommunikation, München
Zeichnungen: Martin Guhl, Stein am Rhein, Schweiz (www.cartoonexpress.ch)
Layout und Satz: Sieveking · Agentur für Kommunikation, München
Verlagsredaktion: Jürgen Frank, Hueber Verlag, München
Druck und Bindung: Kessler Druck + Medien GmbH & Co. KG, Bobingen
Printed in Germany
ISBN 978-3-19-207911-5

Art. 530_25035_001_01

Vorwort

Übungen für zwischendurch hält, was der Titel verspricht. Das Buch bietet 145 kompakte Übungen (verteilt auf 13 Kapitel), die man zwischendurch zum Lernen einschieben kann: im Bus, im Wartezimmer, im Café oder wann immer sich ein kleines Zeitfenster dafür ergibt. Dabei werden grammatische Strukturen und Wortschatz gefestigt oder aufgefrischt und sicherlich hin und wieder ganz neu entdeckt.

Beachten Sie, dass es tatsächlich nicht sinnvoll ist, möglichst viele Übungen auf einmal zu machen. Cleverer und hirngerechter lernen Sie, wenn Sie häppchenweise üben, statt stundenlang zu pauken. Aus diesem Grund ist jede Übung eine kurze, in sich geschlossene Einheit: Lernen Sie besser täglich, aber dafür in überschaubaren Portionen. Die lockere Ansprache und die vielfältigen Übungsformen lassen dabei keine Langeweile aufkommen.

Die Themenbereiche (Substantive, Adjektive, Verben, Falsche Freunde ...), die in *Übungen für zwischendurch* behandelt werden, finden Sie auf den Seiten 5 bis 6 überblicksartig dargestellt. Im Inhaltsverzeichnis nach Kapiteln ab Seite 7 sehen Sie zu Ihrer besseren Orientierung neben jedem Übungstitel auch die Angabe der jeweiligen Niveaustufe (A1 = Anfänger, A2 = Grundkenntnisse oder B1 = fortgeschrittene Kenntnisse).

Da es sich um ein Buch für deutsche Lerner handelt, werden die vielfältigen Beziehungen der beiden Sprachen zueinander aufgezeigt und an Beispielen erläutert. Durch Vergleich mit der anderen Sprache werden Aspekte ihrer Vielseitigkeit sichtbar, durch Vernetzung untereinander und durch praktische Anwendung in Übungen wird nachhaltiges Lernen ermöglicht.

In diesem Buch wird gezeigt, was zu beachten ist, wenn wir vom Deutschen aus etwas im Französischen ausdrücken wollen oder wenn wir den umgekehrten Weg gehen, nämlich französische Ausdrücke zu verstehen oder sie aktiv zu verwenden. Kleine, häufig gebrauchte Wörter wie Präpositionen, Pronomina oder Adverbien verlieren ihre Tücken, wenn gezeigt wird, dass z. B. ein so harmloses Wörtchen wie das deutsche „auch“ mindestens fünf verschiedene Entsprechungen im Französischen hat und eben nicht nur mit *aussi* wiedergegeben werden kann. Eine andere Übung führt vor Augen, dass *il y a* eben nicht nur mit „es gibt ...“

übersetzt werden kann. Das deutsche „es“ kann *ce, cela, ça, le, il* oder *on* entsprechen, andererseits gibt es eine erstaunliche Anzahl von deutschen Entsprechungen für das französische Wörtchen *coup* ...

Methodisch geht das Buch dabei so vor, dass es typische alltagssprachliche Beispielsätze bietet, die bereits als Übung gestaltet sind, also z. B. als Einsetz-, Zuordnungs- oder Übersetzungsübung. Eine Vokabelliste, z. T. selbst zu erstellen, schließt jede Übung ab und erspart zeitraubendes Nachschlagen (verwendete Abkürzungen: *m* = *masculin* (männlich), *f* = *feminin* (weiblich), *pl* = *pluriel* (Mehrzahl); nach dem Schrägstrich ist jeweils die feminine Endung angegeben, fehlt er, ist die feminine Form mit der maskulinen identisch).

Das Buch möchte nicht nur zur Wiederholung und Vertiefung beitragen, sondern auch die Vertrautheit mit der französischen Sprache erhöhen, im Idealfall etwa so, wie wenn sich der Lerner mit Franzosen über ihre Sprache unterhalten würde. Dazu sollen unter anderem die Einführungen am Kapitelanfang beitragen.

Damit das Buch auch als Nachschlagewerk benutzt werden kann, stehen am Anfang nicht nur neben dem Inhaltsverzeichnis die nach Themen gegliederte Inhaltsübersicht zur Verfügung, sondern am Ende der Lösungsschlüssel für die Übungen sowie ein alphabetisches Wortregister. So kann jede Übung zu einem befriedigenden Abschluss gebracht werden.

Wir wünschen Ihnen viel Spaß und viel Erfolg! *On y va !*

Inhalt nach Themen

Die Zahlenangaben beziehen sich auf die durchnummerierten Übungen.

Inhalt nach Kapiteln

Seite

Seite

Kapitel 10

Kapitel 11

Seite

Kapitel 12

Kapitel 13

1

1 Alt: Man ist so alt, wie man sich fühlt …

Vieux/vieille und ***âgé/-e*** bezeichnen das hohe Lebensalter eines Menschen: *un vieux monsieur / une vieille dame, un homme âgé / une dame âgée.*
Jedoch wird *vieux* heute als zu „hart" empfunden und oft durch *âgé* ersetzt.
Anders als *âgé* kann *vieux* auch Nichtlebewesen charakterisieren: *un vieux film* ein alter Film.
Der/Die „Älteste" einer Familie (Kinder und Geschwister) ist dagegen ***l'aîné/-e***: *L'aîné de mes fils s'appelle Mathieu.* Der älteste meiner Söhne heißt Mathieu.
Ancien/-ne bedeutet vorangestellt „ehemalig": *un ancien ministre* ein ehemaliger Minister. Oder es hebt den historisch bedeutenden Aspekt hervor: *des meubles anciens* alte (= wertvolle) Möbel.

Setzen Sie *vieux/vieille, âgé/-e, aîné/-e* oder *ancien/-ne* ein.

a La réunion des ____________ élèves du lycée Montaigne est reportée au samedi 21 juillet.
b Sylvie, c'est une ____________ amie à moi. On se connaît depuis 40 ans.
c Il n'a jamais revu son ____________ femme.
d Elle est un peu plus ____________ que moi, je crois.
e Je crois que je suis un peu trop ____________ pour ce genre de distractions.
f J'ai lu le Nouveau Testament mais je n'ai pas lu l'____________.
g Nous avons mis mon père dans une résidence pour personnes ____________.
h Il s'agit là d'une coutume ____________.
i Bush a divisé l'Europe en deux : d'un côté la ____________ Europe et de l'autre ?
j Tu connais l'____________ petit copain de ma sœur ?
k La Somalie est une ____________ colonie britannique et italienne.
l Cuba compte près de 2.500 personnes ____________ de cent ans et plus, des femmes pour la plupart.
m Ma fille ____________ vient de passer son bac.
n L'homme le plus ____________ du monde est ____________ de 112 ans.
o Nous sommes trois enfants, je suis ____________.
p C'est une ____________ fabrique reconvertie en musée.

la réunion est reportée	die Sitzung wird verschoben
la distraction	die Unterhaltung
le Nouveau Testament	das Neue Testament
la résidence pour personnes	das Altersheim
la coutume	der Brauch
diviser	teilen
le petit copain	der Freund
compter	zählen
pour la plupart	meist
passer son bac	Abitur machen

2 Anziehen / ausziehen: Den Schuh zieh ich mir nicht an!

Wenn Sie sagen wollen, **was** Sie anziehen, müssen Sie das Verb *mettre* verwenden: Je mets un pull. Ich ziehe einen Pulli an.
Möchten Sie nur sagen, **dass** Sie sich anziehen, so reicht *s'habiller*. „Jemanden anziehen" heißt dann *habiller* quelqu'un.
Für das Ausziehen gelten die gleichen Regeln: *enlever* ausziehen (+ Kleidungsstück) und *(se) déshabiller* (sich) ausziehen.
Übrigens entspricht *un déshabillé* dem deutschen „Negligee".

1 Setzen Sie das richtige Verb in der korrekten Form ein.

a Elle ________________ son fils de façon ridicule.
b Je ________________ un pull et j'arrive.
c Il fait chaud ici. Vous ne voulez pas ________________ votre manteau ?
d ________________-toi vite et après au lit !
e Qu'est-ce que tu ________________ ce soir pour la fête ?
f Elle ________________ toujours en noir.
g Elle est très élégante: un rien l'________________.
h Quel goût ! Elle ne sait pas du tout ________________.
i Vous devez ________________ vos chaussures avant d'entrer.
j J'aime bien sa façon de ________________.
k Je n'aime pas me ________________ devant les gens.
l Quelle allure ! Elle peut ________________ n'importe quoi !

m Tout le monde ne peut pas ________________ en Armani.
n Dès que j'arrive à la maison, je ________________ mes pantoufles.
o Il a perdu toute la mémoire, il ne sait même plus ________________.

la façon	die Art und Weise
ridicule	lächerlich
la chaussure	der Schuh
l'allure, *f*	Aussehen / Erscheinung
n'importe quoi	irgendetwas
tout le monde	jeder
dès que	sobald
la pantoufle	der Pantoffel
la mémoire	das Gedächtnis

2 Übersetzen Sie.

a Heutzutage kann sich jeder anziehen, wie er möchte.

____

b Er hat seine Jacke und seine Handschuhe ausgezogen.

____

c Sie zog sich aus und ging sofort ins Bett.

____

d Er ist weggegangen und hat keinen Mantel angezogen.

____

e Kannst du die Kinder heute Morgen anziehen?

____

f Ich weiß nicht, was ich heute anziehen soll.

____

de nos jours	heutzutage
la veste	die Jacke
le gant	der Handschuh
tout de suite	sofort
sortir	weggehen
le manteau	der Mantel

3 Heiraten: Damit Sie beim Heiraten keinen Fehler machen …

Heißt es nun *se marier, marier* oder *épouser*? Die Antwort ist eigentlich ganz einfach.

- „Jemanden heiraten" heißt *épouser quelqu'un*. Wenn man heiratet, ohne zu präzisieren wen, dann heißt es einfach *se marier*.
- Statt *épouser* kann auch *se marier avec* verwendet werden. *Épouser* gehört zum gehobenen Sprachgebrauch, *se marier avec* ist umgangssprachlicher.
- *Marier* (ohne *se*) entspricht im Deutschen „verheiraten": *Ils ont marié leur fils la semaine dernière.* Sie haben letzte Woche ihren Sohn verheiratet.

1 Zutreffendes bitte ankreuzen.

a ______________ une journaliste allemande.
- ☐ Il a épousé
- ☐ Il s'est marié

b ______________ à 22 ans.
- ☐ J'ai épousé
- ☐ Je me suis marié

c ______________ en prison.
- ☐ Ils ont épousé
- ☐ Ils se sont mariés

d Je vais __________ en septembre.
- ☐ épouser
- ☐ me marier

e Ils rêvent de __________ leur fille à un riche industriel.
- ☐ épouser
- ☐ marier

f __________ un homme qui a trois enfants.
- ☐ Elle a épousé
- ☐ Elle s'est mariée

g __________ à l'âge de treize ans.
- ☐ On l'a mariée
- ☐ On l'a épousée

2 Übersetzen Sie ins Französische.

a Wir sind seit 10 Jahren verheiratet.

____

b Meine Schwester hat nie geheiratet.

____

c Sie hat einen Dummkopf geheiratet.

____

d Ich werde niemals heiraten.

____

e Wir haben standesamtlich geheiratet.

____

f Ich hätte diesen Mann niemals heiraten sollen.

____

g Wer hat euch verheiratet?

____

depuis	seit
ne ... jamais	nie
l'imbécile, *m*	der Dummkopf
civilement	standesamtlich

4 Vorsicht: Große Fehlergefahr!

„Wir sind in Paris gewesen“: bitte nicht Wort für Wort aus dem Deutschen übersetzen! Der so entstandene Satz (den man von Deutschen, die von ihrem Parisaufenthalt berichten, oft zu hören bekommt, den wir aber hier nicht aufschreiben wollen) wäre sonst in doppelter Hinsicht misslungen: In Analogie zum Deutschen werden oft das falsche Hilfsverb und das unpassende Verb gewählt. Wenn ein Ziel genannt wird, bevorzugen die Franzosen die Wendung mit *aller*. „Wir sind in Paris gewesen“ heißt daher korrekt übersetzt: *Nous* ***sommes allés*** *à Paris*.
In der nächsten Übung geht es um ähnliche typische Fehler. Seien Sie vorsichtig: In dieser Übung lauern überall Gefahren auf Sie.

Übersetzen Sie ins Französische. Die problematische Wendung ist jeweils unterstrichen, damit Sie nicht so leicht in die Falle tappen. Ergänzen Sie anschließend die Vokabelliste.

a Überall lag Schnee.

____

b Ich habe mir Sportschuhe gekauft.

____

c Geben Sie mir ein Stück Käse, bitte.

____

d Er liegt schon im Bett.

____

e Der Blumenkohl kostet 2 Euro das Stück.

____

f Du isst viel zu viel.

____

g Wir haben sehr viel gelacht.

____

h Ich habe bald Geburtstag.

____

i Und hier ist unser Schlafzimmer.

____

j Links steht ein Tisch.

____

k Es waren nur einige Leute da.

____

l Zwei Tabletten vor dem Frühstück nehmen.

____

m Ich bin zwanzig Jahre alt.

____

n Ich trinke kein Bier. – Ich auch nicht.

____

o Arbeitest du immer noch bei Siemens?

____

p Wir haben unser Auto vor drei Jahren gekauft.

____

q Ich rufe nächste Woche an.

____

la neige	der Schnee
____________	der Sportschuh
____________	das Stück Käse
le chou-fleur	der Blumenkohl
____________	zu viel
rire	lachen
____________	sehr viel
____________	das Schlafzimmer
____________	einige Leute
le comprimé	die Tablette
____________	ich auch nicht
____________	immer noch

5 *Aller: Avec « aller » vous allez loin.*

Dass das Verkehrsmittel bei dem französischen Verb *aller* keine Rolle spielt, lernen Sie auch in Übung 78.
Aller kann aber viel mehr, als nur eine Bewegungsrichtung anzugeben. In der nächsten Übung finden Sie viele Anwendungen von *aller*.

1 Übersetzen Sie ins Deutsche.

a On va plus vite à vélo qu'en voiture.

____

b Nous sommes allés aux USA cet été.

____

c Cette couleur te va très bien au teint.

____

d On se voit demain. Ça te va ?

____

e Ce chapeau ne me va pas du tout.

____

f Bon allez, je m'en vais.

____

g La voiture devant va trop lentement.

____

h Comment vont les affaires ?

____

i C'est la rue qui va à la poste.

____

j Ça va, les études ?

____

k On va déménager le mois prochain.

____

l Il y va de ta santé.

____

les affaires, *f pl*	die Geschäfte
les études, *f pl*	das Studium
déménager	umziehen

2 Übersetzen Sie ins Französische. Verwenden Sie in jedem Satz *aller*.

a Was fehlt Ihnen?

____

b Welche Schule besucht er?

____

c Ich komme morgen vorbei. Passt es Ihnen?

d Diese Farbe steht Ihnen sehr gut.

e Wir fahren morgen nach Paris.

f Er muss vorsichtig sein. Es geht um seine Karriere.

g Nichts geht mehr!

h Dieser Schlüssel passt nicht zu diesem Schloss.

passer	vorbeikommen
prudent/-e	vorsichtig
la carrière	die Karriere
la clé	der Schlüssel
la serrure	das Schloss

6 *Passer (1): Ça passe ou ça casse.*

Passer hat ein breites Ausdrucksspektrum und daher im Deutschen sehr viele Entsprechungen. Als transitives Verb (in der Bedeutung von „verbringen") bildet es das Perfekt mit *avoir*: *Nous avons passé un an en France*. Wir haben ein Jahr in Frankreich verbracht. Als intransitives Verb (in der Bedeutung von „vorbeikommen") bildet es das Perfekt mit *être*: *Je suis passé chez Marc,* hier. Ich bin gestern bei Marc vorbeigegangen. (Weitere Übungen mit *passer* siehe Übung 47.)

1 Übersetzen Sie ins Deutsche.

a Je suis passé à la boulangerie ce matin.

b Je crois qu'elle m'a passé son rhume.

c Ne t'inquiète pas, ça va passer.

d J'aime regarder passer les gens.

e Maintenant, il faut passer à autre chose.

f Nous avons passé quinze jours en Grèce.

g Elle passe en seconde de justesse.

h Je me demande où sont passées mes lunettes.

le rhume	die Erkältung
s'inquiéter	sich Sorgen machen
autre chose	etwas anderes
la seconde	die 11. Klasse

2 Übersetzen Sie ins Französische und verwenden Sie dabei immer das Verb *passer*.

a Ich mache nächste Woche den Führerschein.

b Was ist los?

c Kannst du mir bitte das Brot reichen?

d Er ist unter ein Auto gekommen.

e Die Zeit vergeht langsam, wenn man wartet.

f Sie können direkt zur Kasse gehen.

g Er geht jeden Morgen an meinem Haus vorbei.

h Vielen Dank. Ich habe einen wunderschönen Abend verbracht.

____

i Ich habe meine Kindheit in einer kleinen Stadt verbracht.

____

le permis de conduire	der Führerschein
le temps	die Zeit
lentement	langsam
la soirée	der Abend
excellent/-e	*hier* wunderschön
l'enfance, *f*	die Kindheit

7 À oder *chez: Tu vas à la maison ? – Oui, je vais chez moi.*

Die Regel ist eigentlich sehr einfach: *Chez* verwendet man nur bei Personen oder Firmennamen, die den Namen einer Person tragen. Viele Firmen, deren Namen als Eigennamen empfunden wird, werden ebenfalls mit *chez* verbunden.
Vor dem Namen eines Geschäfts, eines Gebäudes oder einer öffentlichen Einrichtung steht *à*.

1 *À* oder *chez*. Ergänzen Sie die Präpositionen.

a J'ai travaillé pendant six ans ________ Siemens.
b Ce week-end, je suis allé ________ mes parents.
c Nous passons nos vacances ________ l'hôtel.
d Nous dînons ________ des amis demain soir.
e Je vais ________ la poste chercher mon paquet.
f On va ________ la patinoire, demain ?
g Nous allons tous les dimanches ________ l'église.
h Elle est traductrice ________ Novartis à Bâle.

le paquet	das Päckchen
la patinoire	das Eisstadion
le / la traducteur/-rice	der / die Übersetzer/-in

2 Die folgenden Sätze kommen zwar im gesprochenen Französisch vor. Genau genommen sind jedoch einige fehlerhaft. Prüfen Sie anhand der oben aufgeführten Regel „Person oder nicht?", ob die richtige Präposition verwendet wurde. Wenn nein, verbessern Sie sie.

a Demain, je vais au coiffeur.
b Ce soir, je reste chez moi.
c Nous sommes invités chez les Leblanc demain soir.
d Au restaurant « Chez Germaine », on mange très bien.
e Je rentre juste du docteur.
f J'ai trouvé cette étagère chez Ikea.
g Je fais toujours mes courses au Monoprix.
h Le samedi, de nombreuses familles font leurs courses chez Auchan.
i Je suis passé chez le boulanger avant de rentrer.

l'étagère, *f*	das Regal
Monoprix	*eine Supermarktkette*
Auchan	*eine Supermarktkette*
le / la boulanger/-ère	der / die Bäcker/-in

8 Anglizismen: Unsere englischen Freunde

Die französische Sprache enthält einige englische Wörter, deren Herkunft schon lange nicht mehr wahrgenommen wird und die mittlerweile richtig heimisch geworden sind. Es würde niemandem mehr einfallen, sie ersetzen zu wollen. *« Ce qu'on appelle un anglicisme, ce n'est autre chose qu'un mot dont on identifie encore l'origine anglaise ou américaine »* (Ein Anglizismus ist nichts anderes als ein Wort, dessen englische oder amerikanische Herkunft noch erkennbar ist), so definiert Claude Hagège – ein berühmter französischer Linguist – den Begriff Anglizismus und rät den *puristes* daher zur Mäßigung im Kampf gegen die Anglizismen.
Viele englische Wörter haben ihren Platz neben bereits existierenden französischen Wörtern behauptet, indem sie diesen eine zusätzliche Bedeutung geben. So wird z. B. das Wort *week-end* mehr mit Freizeit assoziiert als sein französischer Konkurrent *fin de semaine*, der vor allem „letzte Tage der Woche" bedeutet.

Welches englische Wort ist hier gemeint? Ergänzen Sie es. Diese englischen Wörter gibt es übrigens meistens auch im Deutschen.

a un revendeur de drogue : un ______________
b un parc de stationnement : un ______________
c un courrier électronique non désiré : un ______________
d un petit boulot : un ______________
e personne qui finance un projet : un ______________
f bavarder sur le net : ______________
g le taux d'écoute d'une émission : l'______________
h quand un avion s'écrase, il fait un ______________
i fait concurrence aux adjectifs attrayant / séduisant : ______________
j l'aspect physique, l'apparence : le ______________
k qualifie une personne calme et détendue : ______________
l pour le faire, il faut une télécommande : ______________
m son rival français, c'est la télécopie : ______________
n une attaque à main armée : un ______________
o une jeune entreprise de haute technologie : une ______________
p le dirigeant d'une entreprise : un ______________
q le message électronique : un ______________
r faire les courses, c'est faire du ______________
s une relation amoureuses de courte durée : un ______________

9 *Il y a*: Was es alles gibt!

Il y a (es gibt) kommt im gesprochenen Französisch sehr häufig vor. In dieser Übung können Sie die verschiedenen Verwendungsmöglichkeiten trainieren: Es kann dem deutschen „es gibt" entsprechen, aber auch „vor" oder „seit" in temporaler Bedeutung. In einigen Fällen wird es einfach mit einer unpersönlichen Wendung oder gar nicht übersetzt.

1 Übersetzen Sie ins Deutsche. Wie wird *il y a* jedes Mal wiedergegeben?

Il n'y a pas de quoi s'énerver.
Es gibt keinen Grund, sich aufzuregen. ______ *es gibt* ______

a J'ai téléphoné il y a trois jours. ______________

____

b Il y a six ans que sa mère est morte. ______

______

c Il y a une dame qui demande à vous voir. ______

______

d Il y a une table au milieu de la pièce. ______

______

e Il y a des gens qui aiment ça. ______

______

f Il y a beaucoup de monde. ______

______

mort/-e	*hier* gestorben
demander	fragen
la pièce	das Zimmer
beaucoup de monde	viele Leute

2 Übersetzen Sie nun ins Französische und verwenden Sie *il y a*.

a Was gibt es heute zu essen?

______

b Ich habe ihn schon lange nicht gesehen.

______

c Es steht ein Auto vor der Garagentür.

______

d Es ist fast niemand da.

______

e Gibt es einen Supermarkt in der Nähe?

______

f Er ist vor einer Stunde vorbeigekommen.

______

g Es hat jemand angerufen.

______

h Ich habe vor zwei Jahren geheiratet.

______

i Es gibt drei Möglichkeiten ...

______

j Auf ihrem Schreibtisch stehen immer Blumen.

____

k Es ist keine Milch mehr im Kühlschrank.

____

l Ist Post für mich da?

____

près d'ici	in der Nähe
passer	vorbeikommen
se marier	heiraten
la possibilité	die Möglichkeit
le bureau	der Schreibtisch
le réfrigérateur	der Kühlschrank
le courrier	die Post

10 Aussprache: Laute(r) Unterschiede

In den folgenden Übungen können Sie einige Besonderheiten der französischen Aussprache üben, wie z. B. die Aussprache von *s* und *c*.
Merken Sie sich vor allem: Anders als im Deutschen wird *s* am Wortanfang stimmlos [s] wie in „Gras" gesprochen: ***so****leil* (Sonne).
In vielen Fällen ist die Aussprache des *s* bedeutungsunterscheidend wie bei *dessert* [desɛʀ] (Nachspeise) und *désert* [dezɛʀ] (Wüste).

1 Ordnen Sie die folgenden Ausdrücke dem jeweils passenden Laut zu. Sprechen Sie anschließend die Wörter aus beiden Serien laut.

~~salade~~	réaliser	poisson	jalousie	sable	raser
~~chemise~~	poison	plaisir	adresse	sucre	solide

[s] wie in „Gras"

salade ________ ________
________ ________
________ ________

[z] wie in „Salbe"

chemise ________ ________
________ ________
________ ________

Die Aussprache von *c* hängt vom darauf folgenden Vokal ab:
Vor *a*, *o* und *u* wird *c* wie [k] in „Kopf" gesprochen: *café* (Kaffee), *comment* (wie), *culture* (Kultur).
Vor *e* und *i* wird *c* wie [s] in „Gras" gesprochen: *merci* (danke), *cela* (dieses).
Das ç (c cédille) wird immer wie [s] in „Gras" gesprochen: *ça* (das), *garçon* (Junge), *reçu* (erhalten).

2 Markieren Sie die Wörter, in denen das c wie [s] gesprochen wird.

cinéma	coton	caisse	cerise	cliché
camping	morceau	combien	façade	race
déçu	colère	glaçon	ciment	recevoir

la caisse	die Kiste / die Kasse
la cerise	die Kirsche
déçu/-e	enttäuscht
la colère	der Zorn
le ciment	der Zement
recevoir	empfangen

3 Die fehlerhafte Aussprache des *s* kann in den folgenden Fällen zu Missverständnissen führen. Üben Sie, die folgenden Wendungen richtig auszusprechen.

[z] wie in „Salbe"	**[s] wie in „Gras"**
ils ont (sie haben)	ils sont (sie sind)
nous avons (wir haben)	nous savons (wir wissen)
vous avez (ihr habt / Sie haben)	vous savez (ihr wisst / Sie wissen)
douze (zwölf)	douce (sanft)
ils aiment (sie lieben)	ils s'aiment (sie lieben sich)

11 *Mots croisés*: Hyperonyme

Finden Sie das zu jeder Serie passende Hyperonym (Oberbegriff) und tragen Sie es (in der Pluralform) in das Kreuzworträtsel ein.

Horizontalement

3 un salon, une cuisine, une chambre, un bureau
7 un radis, un concombre, une citrouille, un oignon
9 une cathédrale, un arc de triomphe, un palais, un château
10 un chêne, un bouleau, un saule, un hêtre
11 une sole, une truite, une sardine, une dorade
12 un tailleur, une jupe, une veste, un blouson

Verticalement

1 un merle, une mésange, une cigogne, un corbeau
2 une crèmerie, une confiserie, une épicerie, une poissonnerie
4 le printemps, l'été, l'automne, l'hiver
5 le boulanger, le jardinier, l'avocat, le couturier
6 un tournesol, une pensée, un bouton d'or, une tulipe
8 Pâques, Pentecôte, Noël, la Toussaint

12 Abholen / holen: Hier werden Sie abgeholt.

Bei der Übersetzung von „abholen" müssen Sie die Grundbedeutung von *aller* ([hin]gehen) oder *venir* ([her]kommen) aus der Sicht des Gesprächspartners berücksichtigen: Ich hole dich am Bahnhof ab. = *Je viens te chercher à la gare.* Aber: Ich hole ihn am Bahnhof ab. = *Je vais le chercher à la gare.*
„Holen" heißt in der Regel *aller chercher*. Wenn Sie jemanden „holen lassen", dann heißt es *envoyer chercher*.

Was passt? Ergänzen Sie.

a Tu peux ______________ du pain ?
☐ aller chercher
☐ venir chercher

b Il a demandé si tu pouvais ______________.
☐ aller le chercher
☐ venir le chercher

c Qui ______________ à la gare ce soir ?
☐ va me chercher
☐ vient me chercher

d Je ______________ une bouteille à la cave.
☐ vais chercher
☐ viens chercher

e Les femmes font des kilomètres pour ______________ l'eau.
☐ aller chercher
☐ venir chercher

f Je ______________ à quelle heure, demain ?
☐ vais te chercher
☐ viens te chercher

g Il ne pouvait pas se lever. Nous ______________ le médecin.
☐ sommes allés chercher
☐ avons envoyé chercher

h Je ______________ la chercher à l'aéroport, mais elle n'était pas là.
☐ suis allé
☐ suis venu

i Pouvez-vous ______________ le dossier de notre nouveau client ?
☐ aller chercher
☐ venir chercher

j ______________ ta mère. Elle est chez les voisins.
☐ Va chercher
☐ Viens chercher

k Je suis désolé, mais je ne peux pas _______________.
- ☐ aller te chercher
- ☐ venir te chercher

l J'ai dû _______________ la clé chez les voisins.
- ☐ aller chercher
- ☐ venir chercher

m Tu aurais dû me téléphoner, je serais _______________.
- ☐ allé te chercher
- ☐ venu te chercher

se lever	aufstehen
l'aéroport, *m*	der Flughafen
le dossier	die Akte
le / la voisin/-e	der / die Nachbar/-in

13 Es: „Es", was ist das?

Was ist dieses „es", das so häufig in deutschen Sätzen vorkommt?
Dem Wörtchen entsprechen je nach Kontext im Französischen unterschiedliche Pronomen.

- Vor dem Verb *être* steht in der Regel *ce / c'*: **Es** ist sehr schön. ***C'****est très beau.*
- Bei unpersönlichen Verben steht aber *il*: **Es** regnet. ***Il*** *pleut.*
- Bei anderen Verben steht *ceci* oder *cela / ça*: **Es** stört mich. ***Ça*** *me dérange.*

Aber es gibt viele andere Fälle, wo das unpersönliche „es" nicht mit *ceci* oder *cela / ça* übersetzt werden kann: Ich bin's leid. *J'en ai marre.*

1 *Ce, cela / ça, le, il* oder *on*? Wie wird in den folgenden Sätzen „es" übersetzt?

a Es schneit.

____

b Ich wusste es nicht.

____

c Es gefällt mir sehr.

____

d Wer ist es?

e Es gibt keine Post hier.

f Es ist spät.

g Du siehst es doch.

h Es wird erzählt, dass er weggegangen ist.

i Es ist nicht dringend.

j Ich habe es versucht. Es funktioniert nicht.

neiger	schneien
savoir	wissen
plaire	gefallen
tard	spät
raconter	erzählen
urgent	dringend
essayer	versuchen
marcher	funktionieren

2 Markieren Sie in den folgenden Sätzen die richtige Wendung.

	(C'est / Il y a) trop de monde.	Es sind zu viele Leute da.
a	(Ce / Il) n'est pas vrai.	Es stimmt nicht.
b	(Ça / Il) dépend du temps.	Es hängt vom Wetter ab.
c	(C'en / J'en) ai marre !	Ich hab's satt!
d	(C' / Il) était une fois une princesse ...	Es war einmal eine Prinzessin ...
e	(Ça / Ce) n'est pas la peine.	Es ist nicht der Mühe wert.
f	Je n'ai pas triché. Je (le jure / jure ça) !	Ich habe nicht geschummelt. Ich schwöre es!
g	(Ça / On) danse ce soir.	Es wird heute Abend getanzt.

14 Gastlichkeit: Seien Sie mein Gast ...

Gäste werden im Französischen als *invités* oder *hôtes* bezeichnet. *Hôte* gehört zum gehobenen Sprachniveau. Der Gast als *hôte* oder *invité* bezahlt in der Regel nicht, weil er ja eingeladen ist.
Hotelgäste dagegen werden als *clients* bezeichnet.
Seit einigen Jahren ist jedoch in der Tourismusbranche eine neue Gattung aufgetreten, der „zahlende Gast" *l'hôte payant*. *Client* betont den Aspekt „bezahlen", bei *hôte payant* rückt die Vorstellung „Gast" in den Vordergrund. Auch das *chambre d'hôte* (Fremdenzimmer) muss bezahlt werden, aber hier wird man als Gast der Familie behandelt.

Zum Schluss eine Überraschung: *L'hôte* ist auch der „Gastgeber". Die weibliche Form ist in diesem Fall *hôtesse* (Gastgeberin).
Für *hôte* als „Eingeladene/-r" gibt es wie im Deutschen, wo es auch keine „Gästin" gibt, nur eine einzige Form.

1 Übersetzen Sie ins Französische.

a Wir bieten Fremdenzimmer zu 54 Euro die Nacht.

____

b Der Gast von Tisch 12 findet das Steak zu blutig.

____

c Ich suche ein originelles Geschenk für unsere entzückende Gastgeberin.

____

d Wer wird der nächste Gast bei unserem Festival sein?

____

e Unsere Gäste sind drei Tage geblieben.

____

f Du bist unser Gast heute Abend.

____

g Sind die Gäste zufrieden mit dem Zimmer?

____

h Unsere Gäste sind endlich weggefahren!

____

proposer	bieten
saignant/-e	blutig
charmant/-e	entzückend
être satisfait/-e de	zufrieden sein mit
partir	wegfahren

2 In dieser Übung lernen Sie einige gängige Begriffe, die alle mit „Gast" zu tun haben. Ordnen Sie die Wendungen rechts und links einander zu.

a	ein hoher Gast	1	une auberge
b	ein Gasthörer	2	le pays d'accueil
c	ein Gastarbeiter	3	un auditeur libre
d	ein gastfreundliches Land	4	un travailleur immigré
e	das Gastland	5	le livre d'hôtes
f	ein Gasthof	6	un invité de marque
g	das Gästebuch	7	un pays hospitalier

15 Straße: *Dans la rue* oder *sur la route ?*

Praktischerweise kann man dem französischen Wort für „Straße" sofort ansehen, ob eine Straße in oder außerhalb einer Ortschaft gemeint ist:
Rue bezeichnet eine Straße innerhalb einer Ortschaft: *la Rue du Marché* die Marktstraße.
Route bezeichnet dagegen eine Straße, die sich außerhalb einer Ortschaft befindet oder aus einer Ortschaft hinausführt: *la route de Colmar* die Straße nach Colmar. *Route* wird auch als landschaftlich-touristische Bezeichnung verwendet: *la Route des Vins* die Weinstraße.

1 Ergänzen Sie *route* oder *rue*.

a Les __________ de la ville sont mal entretenues.
b J'habite dans une __________ piétonne.
c Plus de 4500 personnes tuées dans des accidents de la __________ en 2007.
d Ici, on ne peut pas sortir dans la __________ le soir sans avoir peur.
e Sois prudent, c'est une __________ très sinueuse.
f On a installé plusieurs barrages sur les frontières et sur les __________.

g L'essentiel des transports se fait toujours par la ___________.
h Les gens ne fument plus dans les cafés, mais dans les ___________.
i Jean-Claude, 32 ans, vit dans la ___________ depuis trois ans.
j Course-poursuite, hier soir, dans les ___________ de la ville.

mal entretenu/-e	in schlechtem Zustand
tuer	töten
l'accident, m	der Unfall
avoir peur	Angst haben
sois prudent/-e	sei vorsichtig
sinueux/-se	kurvenreich
installer	einrichten
le barrage	die Sperre
la frontière	die Grenze
la course-poursuite	die Verfolgungsjagd

2 *Rue* oder *route*? Ergänzen Sie die folgenden Wendungen und verbinden Sie anschließend die französische Wendung mit ihrer deutschen Entsprechung.

a Bonne ___________ !
b le code de la ___________
c être souvent sur les ___________
d descendre dans la ___________
e en pleine ___________
f la police de la ___________
g une ___________ commerçante
h se mettre en ___________
i l'homme de la ___________
j être à la ___________
k au coin de la ___________

1 die Verkehrspolizei
2 mitten auf der Straße
3 um die Ecke
4 obdachlos sein
5 der Mann auf der Straße
6 Gute Fahrt!
7 auf die Straße gehen
8 viel unterwegs sein
9 die Straßenverkehrsordnung
10 sich auf den Weg machen
11 eine Einkaufsstraße

16 Präpositionen: Nicht nur eine Frage der Grammatik

Die französischen Präpositionen haben nicht immer eine einfache Entsprechung im Deutschen. Es lohnt sich, diese festen Verbindungen besonders sorgfältig zu lernen, da sie nicht logisch erschlossen werden können. Hier geht es um Ortspräpositionen.

In den folgenden Beispielen hängt der Gebrauch der Präposition vom Sprachgebrauch ab. Wählen Sie und tragen Sie die passende Präposition ein.

a	Comment s'est-il cassé la jambe ? – En tombant ______ l'escalier.	dans / sur
b	Où habitez-vous ? – J'habite ______ Nantes.	chez / près de
c	Où as-tu trouvé ces clés ? – Je les ai trouvées ______ terre.	en / par
d	Où as-tu appris ça ? – Ils en ont parlé ______ la télé.	à / dans
e	Vous avez vos papiers ? – Oui, je les ai ______ moi.	avec / sur

f On se retrouve où ?
- Je t'attends ______ le cinéma. avant / devant

g Quel trajet as-tu fait ?
- Je suis passé ______ Paris. à travers / par

h Depuis quand habitez-vous là ?
- J'habite ______ Corse depuis trois ans. en / sur

i Tu viens demain au pique-nique ?
- Non, je n'aime pas trop les déjeuners ______ l'herbe. dans / sur

j Où est la clé ?
- ______ la porte, je crois. dans / sur

k Où as-tu perdu ton porte-monnaie ?
- ______ la rue. dans / sur

l Tu as vu ton père ?
- Il est assis ______ le fauteuil et lit le journal. dans / sur

m Comment êtes-vous entré ?
- ______ la porte de derrière. à travers / par

n Qu'est-ce que tu as fait ce week-end ?
- Je suis allé ______ mes parents. à / chez

se casser la jambe	sich das Bein brechen
l'escalier	die Treppe
se retrouver	sich treffen
le trajet	die Strecke
depuis quand	seit wann
perdre → perdu	verlieren → verloren
le fauteuil	der Sessel

17 Polysemie: Ein Wort für zwei

Die meisten französischen Wörter haben im Deutschen mehrere, oft auch recht unterschiedliche Bedeutungen, die sich erst aus dem Zusammenhang ergeben. Machen Sie sich solche Unterschiede an der folgenden Übung klar.

Für jedes französische Wort finden Sie im Deutschen zwei mögliche Entsprechungen. Markieren Sie die Bedeutung wie im Beispielsatz.

Chance → Aussicht / Glück
Notre équipe avait une réelle chance de gagner, mais nous avons perdu.

a **billet** → Fahrkarte – Geldschein
J'ai déjà acheté mon billet pour Londres.

b **anniversaire** → Geburtstag – Jahrestag
Avez-vous vu à la télé la cérémonie du cinquantième anniversaire de l'Union Européenne ?

c **bureau** → Schreibtisch – Büro
Il y a au milieu de la pièce un très grand bureau blanc.

d **peine** → Strafe – Kummer
Cinq jeunes gens ont été condamnés lundi à des peines de prison pour l'agression de deux policiers.

e **affaire** → Sache, Angelegenheit – Geschäft
A la fin d'un déjeuner d'affaires, un participant a pris tout l'argent posé sur la table par ses collègues, pour payer le repas.

f **arrêter** → aufhören – festnehmen
La police a arrêté trois jeunes délinquants qui volaient des autoradios.

g **descendre** → hinuntergehen – absteigen
Vous êtes descendus dans quel hôtel ?

h **gagner** → verdienen – gewinnen
Combien gagnez-vous par mois ?

i **abandonner** → zurücklassen – aufgeben
Ils ont dû abandonner leur projet.

j **ordre** → Ordnung – Befehl
C'est un ordre. Vous n'avez qu'à obéir.

k **voler** → stehlen – fliegen
J'aimerais pouvoir voler comme les oiseaux.

l'Union européenne, *f*	die Europäische Union
condamner	verurteilen
la prison	das Gefängnis
agression, *f*	der Angriff
le / la participant/-e	der / die Teilnehmer/-in

18 Frauenpower: Weibliche Berufsbezeichnungen

Die „grammatische Feminisierung" der weiblichen Berufsbezeichnungen setzt sich allmählich durch, trotz des Widerstands der *Académie française*. Die Professorin darf sich jetzt ***la*** *professeure* nennen, die Ministerin muss nicht mehr ***le*** *ministre* sein, sondern kann auf Wunsch mit *Madame la ministre* angesprochen werden. Die Feminisierung durch hinzufügen des *-e* ist in den meisten Fällen nicht problematisch:
un adjoint → une adjointe
un retraité → une retraitée
un écrivain → une écrivaine.
Nur in einigen Fällen ist es unmöglich, z. B. bei *médecin*, weil das Wort *médecine* das Fach bezeichnet und nicht zur Verfügung steht. Es besteht dann die Möglichkeit, *femme* oder *Madame* voranzustellen: *une femme médecin* eine Ärztin. Einige Bildungen sind recht erstaunlich: *le judoka → la judokate.*

1 Leiten Sie die feminine Form ab und ergänzen Sie die Tabelle.

directeur – boulanger – bijoutier – chirurgien – ~~député~~ – facteur – musicien – comédien – espion – serveur – employé – patron – dompteur – rédacteur – chanteur – chargé de clientèle – jardinier – maçon

-e	-trice	-(t)euse	-ère	-ienne	-onne
députée	______	______	______	______	______
______	______	______	______	______	______
______	______	______	______	______	______

le bijoutier	der Juwelier
le député	der Abgeordnete
le facteur	der Briefträger
l'employé	der Angestellte
le chargé de clientèle	der Kundenbetreuer
le maçon	der Maurer

2 Markieren Sie die richtige feminine Form der folgenden Berufsbezeichnungen.

a le juge → la juge / la jugesse
b le chef → la chef / la cheffe
c le soldat → la soldat / la soldate
d le mannequin → la mannequin / la mannequine
e l'ambassadeur → l'ambassadeuse / l'ambassadrice
f l'abbé → l'abbée / l'abbesse

le juge	der Richter
l'ambassadeur, *m*	der Botschafter
l'abbé, *m*	der Abt

19 Falsche Freunde: Seien Sie auf der Hut ...

Il lui donna un ***baiser****.* Er gab ihr einen **Kuss**.
Ich möchte einen **Baiser**, bitte. *Je voudrais une* ***meringue****, s'il vous plaît.*
Ein Wort, zwei Situationen: eine Liebesgeschichte und eine Einkaufssituation! Ein falscher Freund (*un faux-ami*) ist ein Wort, das – wie in unserem Beispiel – in beiden Sprachen in gleicher oder fast gleicher Form vorkommt, jedoch mit unterschiedlicher Beddeutung.

1 Welche Übersetzung stimmt? Einige echte Freunde haben sich unter den falschen versteckt.

a Zieh deine Bluse an.
Mets (ta blouse / ton chemisier).
b Wie heißt der Dirigent?
Comment s'appelle (le dirigeant / le chef d'orchestre) ?
c Wir haben einen Marsch von 10 km gemacht.
Nous avons fait (une marche / une promenade) de 10 km.
d Ich mag keinen Endiviensalat.
Je n'aime pas (les endives / la chicorée).
e Ich hole eine Karte vom Fahrkartenautomaten.
Je vais chercher un billet (au distributeur / à l'automate).

f Sie bekam sofort eine Infusion.
On l'a mise tout de suite sous (perfusion / infusion).

g Möchten Sie ein Dessert?
Désirez-vous (un dessert / une sucrerie) ?

h Ich muss ein neues Klavier kaufen.
Il faut que j'achète un nouveau (piano / clavier).

i Er hat sich einen Anzug mit Weste gekauft.
Il s'est acheté un costume avec (veste / gilet).

j Ich habe vergessen, das Kuvert zu frankieren.
J'ai oublié d'affranchir (le couvert / l'enveloppe).

k Vor unserer Garage parkt ein Auto.
Il y a une voiture garée devant notre (garage / parking).

l Unsere Tochter geht aufs Gymnasium.
Notre fille va au (lycée / gymnase).

2 Wie heißt das Wort nun wirklich auf Französisch? Verbinden Sie.

a	la blouse →	das Besteck
b	le dirigeant	die Sporthalle
c	la promenade	die Schürze
d	l'endive	die Jacke
e	l'infusion	der Spaziergang
f	la sucrerie	der Leiter
g	le clavier	der Kräutertee
h	la veste	der Chicoree
i	le couvert	die Süßigkeit
j	le parking	die Tastatur
k	le gymnase	der Parkplatz

20 Wendungen: Unter Körpereinsatz

Sind die Franzosen anders gebaut als die Deutschen? Das könnte man annehmen, wenn man sich die folgenden Wendungen genauer ansieht. Es geht hier um gebräuchliche Wendungen mit Körperteilen.

Was fehlt jemandem, der solche Leiden hat? Kreuzen Sie die richtige Aussage an.

a J'ai mal au cœur.
- ☐ Je suis cardiaque.
- ☐ J'ai la nausée.

b J'ai une crise de foie.
- ☐ J'ai le foie malade.
- ☐ Je vomis parce que j'ai trop mangé.

c J'ai mal aux reins.
- ☐ J'ai mal au dos.
- ☐ Je manque de courage.

d J'ai mal aux cheveux.
- ☐ J'ai les cheveux fourchus.
- ☐ J'ai trop bu et j'ai mal à la tête.

e J'ai la tête qui tourne.
- ☐ J'ai le vertige.
- ☐ J'ai la migraine.

f J'ai un rhume de cerveau.
- ☐ Je suis enrhumé.
- ☐ J'ai un début de méningite.

g J'ai l'estomac dans les talons.

- ☐ J'ai peur.
- ☐ J'ai très faim.

h Il a fait une crise de nerfs.

- ☐ Il s'est énervé.
- ☐ Il était déprimé.

i Elle a un verre dans le nez.

- ☐ Elle a un peu trop bu.
- ☐ Elle est enrhumée et a le nez bouché.

j Il a un poil dans la main.

- ☐ Il a de la chance.
- ☐ Il est paresseux.

k Il a tourné de l'œil.

- ☐ Il louchait quand il était enfant.
- ☐ Il a perdu connaissance.

cardiaque	herzkrank
la nausée	die Übelkeit
le foie	die Leber
vomir	erbrechen
le rein	die Niere
le dos	der Rücken
je manque de ...	es fehlt mir an ...
les cheveux fourchus	die gespaltenen Haarspitzen
le vertige	der Schwindelanfall
le rhume	die Erkältung
le cerveau	das Gehirn
l'estomac, *m*	der Magen
le talon	die Ferse
enrhumé/-e	erkältet
le nez bouché	die verstopfte Nase
le poil	das Haar
avoir de la chance	Glück haben
paresseux/-euse	faul
loucher	schielen
perdre connaissance	das Bewusstsein verlieren

21 Wortfamilien: Willkommen in der Familie!

Mit Wortfamilien lernen Sie viele Wörter ohne großen Aufwand. Wenn Sie z. B. das Wort *libre* lernen, ist es für Sie ganz einfach, sich gleichzeitig das abgeleitete Wort *liberté* zu merken.
In der nächsten Übung sollen Sie solche abgeleiteten Wörter selbst finden.
Die verwendeten Suffixe (*-ation, -té* und *-itude*) dienen alle zur Ableitung von femininen Substantiven.

1 Setzen Sie das vom unterstrichenen Wort abgeleitete Substantiv ein.

a J'ai <u>planté</u> des salades. Ne marche pas sur mes ____________.
b Les prix ont beaucoup <u>augmenté</u>. Cette ____________ conduit à une baisse de la consommation en France.
c Pierre est vraiment très <u>beau</u>. Sa ____________ lui ouvre bien des cœurs.
d Il est interdit de <u>circuler</u> sur cette voie. On ignore quand elle sera rendue à la ____________.
e Je n'irai pas à cette soirée <u>mondaine</u> parce que je n'aime pas les ____________.
f Il est très <u>habile</u>. J'admire vraiment son ____________.
g Il a manqué de ____________, lui qui est d'habitude si <u>prudent</u>.
h Je vis <u>seule</u>, mais la ____________ ne me pèse pas du tout.
i Les <u>déchets</u> sont ensuite tous conduits à la ____________.

augmenter	zunehmen
conduire à	führen zu
la baisse	der Rückgang
circuler	fahren
la voie	die Fahrbahn
rendre	zurückgeben
habile	geschickt
admirer	bewundern
manquer de	fehlen an
d'habitude	gewöhnlich
prudent/-e	vorsichtig
peser	hier schwer fallen
les déchets	der Müll
être conduit/-e	gefahren werden

2 Ergänzen Sie die Wortfamilien. Das erste Beispiel ist jeweils angegeben.

Substantiv	la crainte	________	________	la blancheur
Adjektiv	craintif/-ve	égal/-e	________	________
Verb	craindre	________	grandir	________

Substantiv	________	________	________	________
Adjektiv	________	obscur	lunatique	________
Verb	salir	________	________	atterri

la crainte	die Befürchtung
salir	beschmutzen
lunatique	launenhaft
atterrir	landen

22 *Mots croisés*: Antonyme

Adjektive lassen sich leichter in Form von Gegensatzpaaren lernen.

Was ist das Gegenteil von ...? Tragen Sie das jeweils passende Antonym in das Gitter ein.

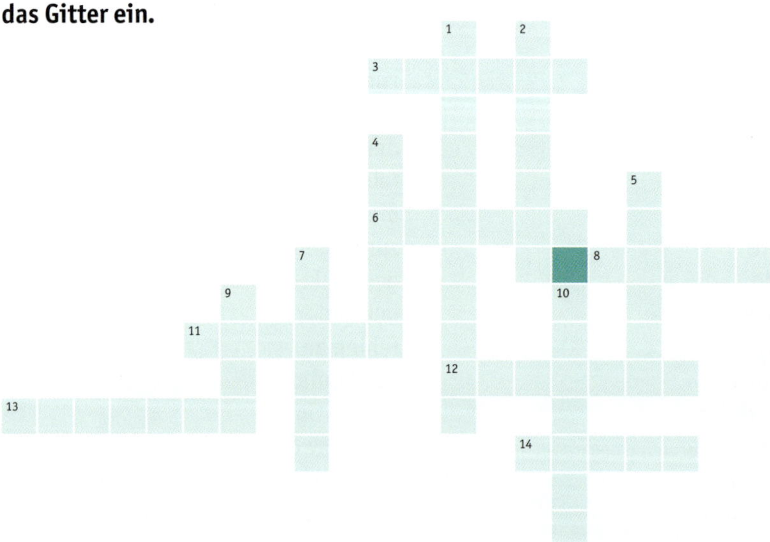

Horizontalement
Le contraire d'...
3 ... une couleur claire
6 ... une bouteille vide
8 ... un pull étroit
11 ... un exercice difficile
12 ... un lac artificiel
13 ... une plante robuste
14 ... une table haute

Verticalement
Le contraire d'...
1 ... un livre ennuyeux
2 ... un chien gentil
4 ... une voiture lente
5 ... une étoile naine
7 ... une histoire drôle
9 ... un mot courant
10 ... un moteur silencieux

23 Auch: Auch hier gibt es wieder mehrere Möglichkeiten ...

Für „auch" gibt es im Französischen die folgenden Entsprechungen: *aussi, ... non plus, même* und *également*, das eine etwas weniger elegante Variante darstellt, die sich aber neuerdings großer Beliebtheit erfreut. Ob das längere Wort auf *-ment* der Aussage mehr Gewicht verleiht?
Eins sollten Sie sich auf jeden Fall merken: Anders als im Deutschen können *aussi* und *également* in der Bedeutung von „auch" nicht am Satzanfang stehen.

1 Übersetzen Sie ins Deutsche. Verwenden Sie in jedem Satz „auch". Markieren Sie anschließend die französischen Entsprechungen von „auch".

Je voudrais aussi un morceau de fromage.
Ich möchte auch ein Stück Käse.

a J'ai également beaucoup voyagé à l'étranger.

____

b J'aime beaucoup ce film. – Moi aussi.

____

c Je n'ai pas le temps, ce soir. – Moi non plus.

____

d Même ma meilleure amie ne le sait pas.

____

e Dors bien. – Toi aussi.

____

f J'irais, même s'il pleut.

____

à l'étranger	ins / im Ausland
avoir le temps	Zeit haben
dormir	schlafen
il pleut	es regnet

2 Übersetzen Sie ins Französische. In einigen Sätzen bleibt „auch" unübersetzt.

a Ich brauche auch deine Hilfe.

b Ich liebe das Meer, aber ich mag auch die Berge.

c Hat er das auch wirklich gesagt?

d Schlafen Sie gut. – Danke, gleichfalls.

e Auch Pierre ist gekommen.

f Ich habe dieses Buch nicht gelesen. – Ich auch nicht.

g Vergisst du es auch nicht?

h Auch wenn es die Wahrheit ist, will ich es nicht hören.

avoir besoin de	brauchen
l'aide, *f*	die Hilfe
oublier	vergessen
si	wenn
la vérité	die Wahrheit
entendre	hören

24 Falsch: Nur nichts falsch machen!

„Falsch" kann im Französischen mit *faux / fausse* (oft im Sinne von „gefälscht" oder „nicht wahr"), aber auch mit *mauvais/-e* (oft im Sinne von „nicht passend") übersetzt werden:

une réponse fausse eine falsche Antwort
un mauvais numéro eine falsche Nummer
des faux-papiers gefälschte Papiere

3

1 Übersetzen Sie die folgenden Sätze, die alle das Wort „falsch“ enthalten.

a Ich habe auf den **falschen** Knopf gedrückt.

____

b Er hat eine **falsche** Aussage gemacht.

____

c Diese Antwort ist **falsch**.

____

d Das ist der **falsche** Schlüssel.

____

e Das ist die **falsche** Methode.

____

f Er hat sich unter einem **falschen** Namen eingetragen.

____

le bouton	der Knopf
appuyer	drücken
la clé	der Schlüssel
s'inscrire	sich einschreiben / eintragen

„Falsch“ hat im Französischen verschiedene Antonyme:

- *faux / fausse → vrai/-e : une histoire fausse / vraie* eine falsche / wahre Geschichte
- *mauvais/-e → bon / bonne : la mauvaise / bonne solution* die falsche / richtige Lösung

2 Wie lautet das Gegenteil von „falsch“ in den folgenden Sätzen? Ergänzen Sie.

a Les affirmations suivantes sont-elles __________ ou fausses ?
b Ce que je dis est absolument __________ !
c Vous ne m'avez toujours pas donné la __________ réponse.
d La __________ définition de l'intelligence, c'est la modestie.
e Tu n'as pas choisi le __________ moment pour lui annoncer cette mauvaise nouvelle.
f Vous n'êtes pas assis à la __________ place.

g Il ne s'est pas présenté sous une __________ identité.
h C'est une très __________ idée, je crois.

l'affirmation, ***f***	die Behauptung
la modestie	die Bescheidenheit
annoncer une nouvelle	eine Nachricht verkünden
être assis/-e	sitzen
se présenter	sich vorstellen

25 Zimmer: Zimmer mit Aussicht

„Zimmer" wird je nach Kontext unterschiedlich wiedergegeben. Als Raum in einem Haus heißt es *pièce* (*un appartement trois pièces* eine Dreizimmerwohnung). Wird die *affectation* (Verwendung) des Zimmers näher präzisiert, muss *salle* gebraucht werden (*la salle de séjour* das Wohnzimmer). In einem öffentlichen Gebäude spricht man ebenfalls von *salle* (*la salle des fêtes* der Festsaal). *Chambre* verwendet man ausschließlich für das Schlafzimmer oder als Entsprechung von „Kammer" (*la Chambre des Métiers* die Handwerkskammer).

1 Ergänzen Sie den jeweils passenden Ausdruck.

a Nous sommes restés vingt minutes dans la __________ d'attente.
b L'ancienne __________ à manger a été transformée en atelier de couture.
c Nous avons pris une __________ dans un petit hôtel du centre.
d Nous avons refait entièrement la __________ de bains.
e Est-il encore permis de fumer dans les __________ d'hôtel ?
f Combien de __________ compte cet appartement ?
g Dans notre école, quatre __________ sont consacrées à l'aide aux devoirs.
h Faute de personnel anesthésiste, une de nos __________ d'opération est fermée.
i N'allez pas toujours à l'hôtel. Profitez des __________ proposées chez l'habitant !
j Ils habitent dans un immense appartement de douze __________.
k La __________ de cinéma s'est transformée en __________ de concert pour un weekend.

ancien/-ne	ehemalig
l'atelier, *m*	die Werkstatt
le centre	*hier* die Stadtmitte
refaire	*hier* renovieren
consacrer	widmen
l'aide aux devoirs, *f*	die Hausaufgabenbetreuung
proposer	anbieten

2 Übersetzen Sie. Verwenden Sie dabei eins der im Kasten stehenden Wörter.

bureau – salle des pas perdus – salle des professeurs – salle de séjour – chambre – Chambre de Commerce et d'Industrie – pièce – salle

a Wo ist dein Bruder? – In seinem Zimmer, glaube ich.

____

b Hast du mein neues Arbeitszimmer gesehen?

____

c Mein Zug fährt um neun. Treffen wir uns in der Bahnhofshalle?

____

d Im Lehrerzimmer rauchen alle. Das ist schrecklich.

____

e Der Präsident der Industrie- und Handelskammer ist zurückgetreten.

____

f Das Wohnzimmer ist sehr schön, sehr hell.

____

g Wir suchen eine Vierzimmerwohnung.

____

h Wir haben vor einem fast leeren Saal gespielt.

____

se retrouver	sich treffen
fumer	rauchen
tout le monde	alle
démissionner	zurücktreten

26 Genuswechsel: Damit es nicht zu einfach ist ...

Einige sehr gebräuchliche Wörter aus dem Französischen haben bei der Einbürgerung ins Deutsche das „Geschlecht" gewechselt.

1 Was stimmt? Ergänzen Sie die Sätze.

a Je l'ai attendu deux heures _____ bar. Il n'est pas venu. ☐ à la ☐ au

b Cet enfant a vraiment très _____ appétit. ☐ bonne ☐ bon

c A quelle heure est _____ rendez-vous chez le dentiste ? ☐ ton ☐ ta

d Tu peux conduire la voiture   garage ? ☐ à la ☐ au

e J'ai _____ numéro trois, et vous ? ☐ la ☐ le

f Je ne mange pas _____ cantine aujourd'hui. ☐ à la ☐ au

g Nous allons diviser _____ groupe en deux. ☐ la ☐ le

h _____ liaison avec son beau-fils n'a pas duré longtemps. ☐ Sa ☐ Son

i J'habite _____ étage. ☐ à la première ☐ au premier

j Nous avons pris _____ métro pour venir. ☐ la ☐ le

k Malgré _____ massage cardiaque, il est décédé à 23h15. ☐ un ☐ une

l Il est entré dans _____ rage terrible. ☐ un ☐ une

m Nous nous sommes vus hier soir _____ vernissage. ☐ au ☐ à la

2 Notieren Sie alle Wörter der vorigen Übung, die im Deutschen ein anderes Genus angenommen haben.

_______________ _______________
_______________ _______________
_______________ _______________
_______________ _______________

Haben Sie es gemerkt?
Alle Wörter auf *-age*, die im Französischen männlich sind, sind bei der Übernahme ins Deutsche weiblich geworden.

27 Zeitpräpositionen: So viel Zeit muss sein ...

In der folgenden Übung geht es um Zeitpräpositionen. Beachten Sie: „vor" in Verbindung mit der Angabe einer Zeitdauer wird im Französischen mit *il y a* übersetzt: Ich habe ihn **vor** drei Jahren kennen gelernt. *J'ai fait sa connaissance, **il y a** trois ans.*

1 Setzen Sie die fehlende Präposition ein. Vorsicht: in zwei Sätzen wird keine Präposition verwendet.

à (4 ×) – en – dans (2 ×) – pour – depuis – après – il y a – pendant

a Nous partons demain _______ six heures et demie et sept heures.
b J'ai lu ce livre _______ trois heures.
c Nous rentrons _______ une semaine.

d Il est parti _______ trois mois et ne rentrera que _______ une semaine.
e Qu'est-ce que tu fais _______ Noël ?
f Je passerai te voir _______ mon travail.
g _______ quelle heure commence le film ? h J'ai commencé à travailler _______ un an.
i _______ mardi, j'ai cours de français.
j Qu'est-ce que vous faites _______ les vacances ?
k Je n'ai pas vu Paul _______ plus d'un an.
l Je vais à la piscine _______ cet après-midi.
m Au revoir madame, _______ la semaine prochaine.

2 Übersetzen Sie. Ergänzen Sie anschließend die Vokabelliste.

a Kannst du mich morgen um 7 Uhr wecken?

____

b Wir sind am Samstag zurückgekommen.

____

c Was macht ihr an Ostern?

____

d Er hat vor einer Stunde angerufen.

____

e Er sitzt schon seit 5 Stunden vor dem Fernseher.

____

f Nehmen Sie eine Tablette vor jeder Mahlzeit.

____

g Am Montag bin ich nicht zur Arbeit gegangen.

____

h Ich gehe ab und zu ins Kino.

____

i Wir sind nach drei Stunden weggegangen.

____

j Ich bin bis zum Schluss geblieben.

____

réveiller	wecken
rentrer	zurückkommen
Pâques, ***f***	Ostern
la télévision	der Fernseher
le comprimé	die Tablette
le repas	die Mahlzeit
______________	ab und zu
partir	weggehen
______________	bis zum Schluss

28 Synonyme: Gleich und gleich gesellt sich gern ...

Synonyme (gleichbedeutende Wörter) sind hilfreich. Mit ihnen können Sie Wiederholungen vermeiden und ganz nebenbei zeigen, was für einen großen Wortschatz Sie haben.

Welches Wort aus A ist Synonym eines Wortes aus B? Bilden Sie Wortpaare und kennzeichnen Sie das Genus des Substantivs mit *m* für maskulin und *f* für feminin.

A

~~atmosphère~~	~~vélo~~	mythe	habitude	mobile
retourner	voiture	visage	entrée	peinture
communication	impôt	profession	abri	âgé

B

hors d'œuvre	métier	~~ambiance~~	taxe	figure
bicyclette	légende	coutume	vieux	refuge
revenir	tableau	message	auto	portable

	atmosphère (f)	*ambiance (f)*
a	*vélo*	______________
b	______________	______________

c ______________ ______________
d ______________ ______________
e ______________ ______________
f ______________ ______________
g ______________ ______________
h ______________ ______________
i ______________ ______________
j ______________ ______________
k ______________ ______________
l ______________ ______________
m ______________ ______________
n ______________ ______________

l'atmosphère, *f*	die Stimmung
l'habitude, *f*	die Gewohnheit / der Brauch
le mobile	das Handy
l'entrée, *f*	die Vorspeise
la peinture	das Gemälde
l'impôt, *m*	die Steuer
l'abri, *m*	der Schutz
la figure	das Gesicht

29 Antonyme: *Quel est le contraire du mot « contraire » ?*

1 Finden Sie das jeweils gegensätzliche Verb und ergänzen Sie die Sätze.

a J'aimerais **vendre** ma voiture avant d'en ______________ une nouvelle.
b Je ne sais pas quoi faire : **partir** ou ______________ ?
c Je ne savais pas si je devais **pleurer** ou ______________.
d Tu dois choisir : **accepter** ou ______________. Il n'y a pas d'autre possibilité.
e Il n'a pas **protesté** : il a ______________ tout de suite.
f Elle **adore** le cinéma. Son mari ______________ ça.
g **Connaissez**-vous la réponse ? – Non, je ______________ totalement.
h Je n'ai **gardé** aucune lettre, j'ai tout ______________.

i Je **me lève** tôt, mais je ____________ tard.
j **Ouvrez** vos cahiers et ____________ vos livres.
k Je n'ai pas **maigri** pendant ces vacances, j'ai plutôt ____________.

vendre	verkaufen
accepter	annehmen
la possibilité	die Möglichkeit
garder	behalten
se lever	aufstehen
le cahier	das Heft
maigrir	abnehmen
plutôt	eher

2 Machen Sie die gleiche Übung. Diesmal geht es um gegensätzliche Substantive.

a Faites le calcul des **bénéfices** et des ____________.
b Cette solution présente des **avantages** mais aussi quelques ____________.
c La **montée** était facile, mais la ____________ a été très difficile.
d Je connais l'heure de ____________ du train, mais pas l'heure de son **arrivée.**
e Je ne peux pas donner la **réponse**, je n'ai pas entendu la ____________.
f J'ai raté le **début** du film et je ne suis pas resté jusqu'à la ____________.
g La générosité est une grande ____________, l'avarice le pire **défaut.**
h Tout le monde croyait à sa **réussite**, personne n'avait envisagé un ____________.
i L'écart entre la ____________ et la **pauvreté** s'accroît.
j Le guépard est connu pour sa **rapidité**, la tortue pour sa ____________.

faire le calcul	rechnen
l'avantage, *m*	der Vorteil
la montée	der Aufstieg
l'avarice, *f*	der Geiz
le défaut	der Fehler
tout le monde	alle
la réussite	der Erfolg
envisager	in Betracht ziehen
l'écart, *m*	der Abstand
s'accroître	zunehmen
la tortue	die Schildkröte

30 Deutsche Wörter, die zu „waschechten" Franzosen wurden

Les enfants français adorent les ***kinder****.*
Hier ist natürlich die Süßigkeit aus Deutschland gemeint, die ihren Weg in den Alltag vieler französischer Kinder gefunden hat. Ob dieses Wort noch den Weg ins französische Wörterbuch findet, ist offen, aber französische Eltern und Kinder verwenden es oft.
Das Wort „Waldsterben" z. B., das schnell ins Wörterbuch übernommen wurde, wurde wieder durch *le dépérissement / la mort des forêts* verdrängt.
Lernen Sie in der folgenden Übung einige deutsche Wörter kennen, die ohne jede Änderung im Französischen gebraucht werden.

Gesucht wird jeweils ein deutsches Wort, das es im Französischen auch gibt.

a C'est une voiture d'enfant à grandes roues : un ________________.
b C'est un produit de remplacement : un ________________.
c Qualifie un style ou une chose de mauvais goût : ________________.
d Esprit familier dans les contes allemands : un ________________.
e Effondrement des cours de la bourse : un ________________ boursier.
f Ceux de Schubert sont très célèbres : les ________________.
g Phrase (musicale), formule qui revient plusieurs fois : le ________________.
h Prise de pouvoir violente : un ________________.

i Politique basée sur la réalité et non sur une idéologie : la ______________.
j Guerre ou attaque en vue d'une victoire très rapide : le ______________.
k Ce nom désigne un état de l'Allemagne : le ______________.
l C'est une eau-de-vie fabriquée à base de cerises : le ______________.

la roue	das Rad
le remplacement	das Ersetzen
le goût	der Geschmack
l'esprit, *m*	der Geist
le conte	das Märchen
l'effondrement, *m*	der Zusammenbruch
la bourse	die Börse
la prise de pouvoir	die Machtergreifung
basé/-e sur	basierend auf
l'attaque, *f*	der Angriff
en vue de	mit dem Ziel
la victoire	der Sieg
désigner	bezeichnen
l'eau-de-vie, *f*	der Schnaps

31 Kollokationen: Adjektive, die eigentlich Adverbien sind

Der Begriff „Kollokation" bezeichnet das häufige gemeinsame Auftreten von Wörtern, also eine privilegierte Partnerschaft zwischen bestimmten Wörtern, z. B. *tomber dans l'oubli* (in Vergessenheit geraten) oder *une patience d'ange* (eine Engelsgeduld).
Die folgenden Kollokationen bestehen aus einem Verb und einem Adjektiv: Diese verhalten sich aber wie Adverbien, z. B *faux* in der Wendung *chanter faux* (falsch singen), d. h. sie sind unveränderlich. Es handelt sich meistens um kurze Adjektive.
Die Sprache der Medien und der Werbung macht gern von dieser Möglichkeit Gebrauch.

1 Bilden Sie mit Hilfe der Wörter aus beiden Kästen Kollokationen. Die Übersetzung hilft Ihnen dabei.

coûter	se tenir	acheter
parler	peser	chanter
voler	manger	

lourd	droit	juste
léger	cher	français
bas	vrai	

a ______ viel kosten
b ______ gerade stehen
c ______ schwer wiegen
d ______ tief fliegen
e ______ französische Ware(n) kaufen
f ______ die Wahrheit sagen
g ______ richtig singen
h ______ leicht essen

2 Ergänzen Sie die Sätze mit dem jeweils passenden Adjektiv.

bon – idiot – dur – fort – bon – faux – tranquille – utile

a Tous ces touristes qui bronzent ______ sur les plages !
b Votez ______. Ne donnez pas votre voix à un petit parti !
c Il n'a pas cédé, il a tenu ______.
d Il a travaillé ______ toute sa vie et n'a pas profité de sa retraite.
e J'ai crié très ______ mais personne ne m'a entendu.
f Ton nouveau parfum sent très ______ .
g Tout ce qu'il dit sonne ______.
h Tu peux dormir ______, j'ai fermé tous les volets.

bronzer	sich bräunen
voter	wählen
céder	nachgeben
tenir ______	durchhalten
crier	schreien
sonner	klingen
le volet	der Fensterladen

32 Aussprache: Das gibt's doch nicht!

Das *h* wird im Französischen nie gesprochen, jedoch unterscheidet man zwischen dem *h aspiré* („aspiriertes *h*"), das die *liaison* (das Binden von Wörtern) verhindert, und dem *h muet* („stummes *h*").
Das *h aspiré* ist bei etwa 60 Wörtern anzutreffen und weist in der Regel auf ein Wort germanischen Ursprungs hin.

1 Markieren Sie die Wörter, die ein *h aspiré* enthalten, und fügen Sie bei den anderen Wörtern das *liaison*-Zeichen ‿ ein (wie im Beispiel). Lesen Sie die Wörter mehrmals laut und ergänzen Sie den bestimmten Artikel in der Wortliste.

une hache - des‿habitudes - un hamac - des haricots - des horreurs - un hasard - un handicapé - des hirondelles - un hérisson - des hiboux - un hameçon - un héros - un hexagone - un habitant - des histoires - des hameaux

la **hache,** *f*	die Axt
___ **hamac,** *m*	die Hängematte
___ **haricot,** *m*	die Bohne
___ **horreur,** *f*	der Schrecken
___ **hasard,** *m*	der Zufall
___ **hirondelle,** *f*	die Schwalbe
___ **hérisson,** *m*	der Igel
___ **hibou,** *m*	der Kauz
___ **hameçon,** *m*	der Angelhaken
___ **héros,** *m*	der Held
___ **hexagone,** *m*	das Sechseck
___ **hameau,** *m*	der Weiler

Das *h aspiré* (in der Lautschrift durch ein ' gekennzeichnet) hat in einigen Fällen auch eine bedeutungsunterscheidende Funktion. Hier ein Beispiel:
l'aire [lɛʀ] Areal   la haire [la'ɛʀ] härenes Hemd (Büßerhemd)

2 Welche Wörter sind hier gemeint? Lesen Sie diese Wörter laut mit Hilfe der Lautschrift und ergänzen Sie die deutsche Übersetzung.

Nullen / Helden	Autoren / Höhen	feige / Axt
Wesen / Buche	Leiste / Hass	Wasser / Höhe

	h muet			*h aspiré*		
a	[lezeʀo]	→ les zéros	___________	[le'eʀo]	→ les héros	___________
b	[lezɛtʀ]	→ les êtres	___________	[le'ɛtʀ]	→ les hêtres	___________
c	[lezotœʀ]	→ les auteurs	___________	[le'otœʀ]	→ les hauteurs	___________
d	[lo]	→ l'eau	___________	[lə'o]	→ le haut	___________
e	[lɛn]	→ l'aine	___________	[la'ɛn]	→ la haine	___________
f	[laʃ]	→ lâche	___________	[la'aʃ]	→ la hache	___________

33 *Mots croisés*: Redensarten

Redensarten bringen Farbe in die Sprache, besonders die folgenden, die alle den Namen einer Farbe enthalten. Diese gilt es zu erraten.

Horizontalement

3 Si vous avez de tristes pensées, vous avez des idées ___________.

4 Vous êtes dans le ___________ quand votre compte en banque a un solde négatif.

6 Une excellente cuisinière est un cordon ___________.

7 Quand on rit en se forçant, on rit ___________.

8 Vous vous mettez au ___________ quand vous allez vous reposer à la campagne.

Verticalement

1 Si vous passez une nuit sans dormir, vous passez une nuit ___________.
2 Un avocat malhonnête est un avocat ___________.
5 Quand vous réfléchissez, vous faites travailler votre matière ___________.
6 Quand les idées d'extrême droite se propagent, on parle de la peste ___________.

34 Besuchen: Meistens nicht *visiter*

Visiter bedeutet „irgendwohin gehen, um sich etwas anzusehen, um etwas zu besichtigen". So ist der Satz *Nous allons visiter le Louvre.* (Wir besuchen den Louvre.) korrekt. Wenn Sie aber Ihre Schwiegermutter besuchen, dürfen Sie nicht *visiter* benutzen, weil man eine Schwiegermutter nicht besichtigt, sondern besucht.

- besichtigen / sich genau ansehen → *visiter un musée / une exposition / une ville*
- einen Besuch abstatten → *aller voir quelqu'un / rendre visite à quelqu'un*
- die Schule etc. besuchen → *aller à l'école*
  → *fréquenter* (Nuance: oft hingehen / Gewohnheit)

***Visiter, aller voir* oder *fréquenter*? Ergänzen Sie die Sätze mit der richtigen Verbform. Es gibt in einigen Fällen mehrere Möglichkeiten.**

a J'____________ un appartement super hier.
b Est-ce que tu ____________ l'exposition au Grand Palais demain ?
c Il s'agit d'une prison modèle que les autorités judiciaires encouragent les journalistes à ____________.
d Quand peut-on ____________ ce monument ?
e Les grands-mères d'aujourd'hui s'occupent de leurs petits-enfants, ____________ les supermarchés, s'activent pour des associations.
f Je n'ai pas pu ____________ mes parents ce week-end.
g Le conducteur responsable de l'accident avait interdiction de ____________ les débits de boissons.
h Nous ____________ la tombe de Chopin au Père-Lachaise.
i Ma mère était catholique mais ne ____________ pas beaucoup les églises.
j J'ai ____________ longtemps les discothèques.
k Hier, je ____________ le match Bordeaux-Strasbourg.
l Cliquez ici pour ____________ notre site Internet.

l'appartement, *m*	die Wohnung
l'exposition, *f*	die Ausstellung
il s'agit de	es handelt sich um
la prison	das Gefängnis
les autorités judiciaires, *f pl*	die Justizbehörde
encourager	ermutigen
s'occuper de	sich kümmern um
l'association, *f*	der Verein
le conducteur	der Fahrer
responsable de	verantwortlich
l'accident, *m*	der Unfall
l'interdiction, *f*	das Verbot
le débit de boissons	der Getränkeausschank
la tombe	das Grab
le Père Lachaise	*großer Pariser Friedhof*
le match	*hier* das Fußballspiel

35 Können: Ein Verb im Deutschen, zwei im Französischen

„Können" entspricht im Französischen zwei Verben: *pouvoir* und *savoir*. *Savoir* bedeutet ursprünglich „wissen" und behält die Bedeutung „erlernte Fähigkeit" bei: *Je sais nager.* Ich kann schwimmen.
Pouvoir dagegen bedeutet „physisch fähig" oder „befugt sein": *Je ne peux pas ouvrir la porte.* Ich kann die Tür nicht öffnen.

1 Ordnen Sie die im Kasten stehenden Tätigkeiten dem passenden Verb zu.

venir demain – répéter, s'il vous plaît – conduire – ouvrir la fenêtre – parler anglais – téléphoner avant midi – utiliser un ordinateur – prononcer ce mot

Savez-vous ...	Pouvez-vous ...
____________ ?	____________ ?
____________ ?	____________ ?
____________ ?	____________ ?
____________ ?	____________ ?

conduire	fahren
utiliser	benutzen
l'ordinateur, *m*	der Computer
prononcer	aussprechen
le mot	das Wort

2 Markieren Sie die richtige Möglichkeit.

a Je ne (peux / sais) pas conduire sans lunettes.
b Nous ne (pouvons / savons) pas venir ce soir.
c Je ne (peux / sais) pas jouer au bridge.
d Il y a trop de bruit. Je ne (peux / sais) pas me concentrer.
e Elle ne (sait / peut) pas quoi répondre.
f (Peux-tu / Sais-tu) porter cette caisse ?
g Je ne (peux / sais) pas écrire parce que j'ai mal à la main.
h Est-ce que vous (pouvez / savez) faire la cuisine ?
i (Pouvez-vous / Savez-vous) m'aider ?
j Je ne (peux / sais) plus supporter cette musique.

les lunettes, *f pl*	die Brille
le bruit	der Lärm
la caisse	die Kiste
écrire	schreiben
la main	die Hand
aider	helfen
supporter	ertragen

36 Halten: Nicht immer *tenir*

„Halten" entspricht meist *tenir*. Im übertragenen Sinne wird „halten" auch mit anderen Verben wiedergegeben: Was halten Sie davon? *Qu'est-ce que vous en pensez ?*
Tenir wird in Wendungen nicht immer mit „halten" übersetzt. Dies können Sie in der zweiten Übung selbst feststellen.

4

1 Übersetzen Sie. Ergänzen Sie anschließend die Vokabelliste.

a Halt mal bitte.

____

b Er hat sein Wort gehalten.

____

c Halten Sie mich bitte auf dem Laufenden.

____

d Er hielt seine Tochter bei der Hand.

____

e Diese Geschichte hat weder Hand noch Fuß.

____

f Die Farbe hat nicht gut gehalten.

____

g Er hat eine sehr langweilige Rede gehalten.

____

h Dieser Mantel hält nicht warm.

____

i Was hältst du von meinem Plan?

____

j Für wen hältst du mich?

____

k Klappt das noch mit heute Abend?

____

l Da kommt Pierre. Das ist aber eine Überraschung!

____

m Trotz all seinem Unglück hält er durch.

____

________ **parole**	sein Wort halten
________ **au courant**	auf dem Laufenden halten
par la main	bei der Hand
________ **debout**	Hand und Fuß haben
________ **un discours**	eine Rede halten
ennuyeux/-se	langweilig
la surprise	die Überraschung
________ **le coup**	durchhalten

2 Wie wird das französische Verb *tenir* in den folgenden Sätzen übersetzt? Tragen Sie die entsprechende deutsche Wendung ein.

a Je tiens beaucoup à ce livre. *hängen an*
b Je n'ai pas tenu. C'était trop dur. ______
c Les passagers sont tenus de composter leurs billets. ______
d Je ne tiens plus debout. Je suis épuisé. ______
e De qui tenez-vous cette information ? ______
f Cette voiture tient bien la route. ______
g Marc ne tient pas du tout l'alcool. ______
h Tu ne pouvais pas tenir ta langue ? ______
i Il a absolument tenu à venir. ______
j Je n'y tenais plus. Je suis parti. ______
k Elle tient ses cheveux blonds de son père. ______
l Je tiens beaucoup à la rencontrer. ______

le passager	der Reisende
épuisé/-e	erschöpft
la langue	*hier* die Zunge

37 *Faire: Verbe à tout faire*

Faire ist eines der meistverwendeten französischen Verben. Es kann anstelle von sehr vielen Verben stehen. Fällt Ihnen z. B. das Wort *composer* für komponieren nicht ein, so können Sie ohne Weiteres *faire* verwenden: *C'est lui qui a **fait** cette musique. = C'est lui qui a **composé** cette musique.*

1 Vervollständigen Sie die Tabelle, indem Sie entweder die Wendung mit *faire* oder das Vollverb einsetzen.

a	faire une maison	construire	i	___________	jardiner
b	faire une lettre	___________	j	___________	cuisiner
c	___________	choisir	k	faire des reproches	___________
d	faire du ski	___________	l	___________	sauter
e	___________	embrasser	m	___________	étudier
f	___________	coudre	n	___________	offrir
g	___________	économiser	o	faire une proposition	___________
h	___________	s'efforcer	p	faire la lecture	___________

construire	bauen
la lettre	der Brief
embrasser	küssen
coudre	nähen
économiser	sparen
s'efforcer	sich bemühen
le reproche	der Vorwurf
sauter	springen
étudier	studieren
offrir	schenken
la proposition	der Vorschlag

2 Hier finden Sie eine Liste von Wendungen mit *faire*. Verbinden Sie die französische Wendung mit der deutschen Übersetzung.

a	faire sauter	einkaufen
b	faire savoir	umkehren
c	faire connaissance	zahnen
d	faire attention	schmollen
e	faire demi-tour	kennen lernen
f	faire les courses	angeben
g	faire de la prison	Männchen machen
h	faire sa valise	mitteilen
i	faire ses dents	sprengen
j	faire la tête	aufpassen
k	faire le malin	packen
l	faire le beau	sitzen

38 Auf: Wenn „auf" nicht *sur* heißt und *sur* nicht „auf"

Weil Präpositionen zu den schwierigeren Kapiteln gehören, sollen Sie in diesem Bereich besonders fit sein. Hier noch eine weitere Übung dazu.

1 Fügen Sie die jeweils fehlende Präposition ein und ergänzen Sie anschließend die Vokabelliste. Tipp: Im Deutschen werden alle hier verwendeten Präpositionen mit „auf" übersetzt.

a Nous habitons _____ la campagne depuis deux ans.
b Je vais _____ marché tous les samedis.
c Comment dit-on « ordinateur » _____ allemand ?
d Pose ton sac _____ terre.
e Il était toute sa vie _____ fuite.
f _____ cette manière, je n'ai rien eu à payer.
g Je ne suis jamais allé _____ la chasse.
h Cette voiture consomme 6,7 litres _____ 100 km.
i _____ votre santé !
j Je n'étais pas du tout préparé _____ cette visite.

____ la campagne	auf dem Land
l'ordinateur, *m*	der Computer
le sac	die Tasche
____ fuite	auf der Flucht
____ cette manière	auf diese Weise
____ la chasse	auf die Jagd
consommer	verbrauchen
la visite	der Besuch

2 In den folgenden Wendungen wird *sur* nicht mit „auf" übersetzt. Notieren Sie die entsprechende deutsche Wendung.

a Les pompiers se sont immédiatement rendus **sur les lieux.** ____________
b La clé est toujours **sur la porte.** ____________
c Je n'ai jamais mes papiers **sur moi.** ____________
d Il ne porte que des costumes faits **sur mesure.** ____________
e J'ai eu **16 sur 20** à ma dissertation. ____________
f Il ne travaille **qu'un jour sur deux.** ____________
g Je ne voulais pas vous laisser **sur cette impression.** ____________
h Elle passe son temps à pleurer **sur son sort.** ____________
i Je t'inderdis de me parler **sur ce ton** ! ____________

les pompiers, *m pl*	die Feuerwehr
se rendre	sich begeben
la dissertation	die Erörterung
l'impression, *f*	der Eindruck

39 Sein oder haben: Das ist hier die Frage

In vielen Fällen entspricht einer deutschen Wendung mit „sein" eine französische mit *avoir.* Mit *avoir* (haben) geben Sie natürlich Ihren Besitz an, aber Sie können auch Empfindungen wiedergeben: *J'ai peur.* Ich habe Angst.

1 Übersetzen Sie und verwenden Sie dabei eine Wendung mit „haben".

a Mir ist zu warm. ______________________
b Er war sehr hungrig. ______________________
c Mein Bruder ist 23 Jahre alt. ______________________
d Ich bin ganz schläfrig. ______________________
e Mir ist schwindlig. ______________________
f Da ist nichts mehr zu machen. ______________________
g Du hast recht, wie immer. ______________________
h Ich bin diese Arbeit nicht gewohnt. ______________________

2 Verbinden Sie die zusammenpassenden Sätze. Ergänzen Sie anschließend die Vokabelliste. Hier geht es um wichtige Wendungen mit *avoir*.

a	Il n'avait pas envie de sortir.	1	Je n'avais pas assez travaillé.
b	Nous avions peur.	2	Je suis allé me coucher tout de suite.
c	J'ai eu mon bac de justesse.	3	Nous avons annulé notre rendez-vous.
d	Il a eu de la chance.	4	Il réfléchira avant de prendre une décision.
e	Nous n'avions pas le temps.	5	J'aimerais bien la connaître.
f	Je n'ai pas eu le courage.	6	Nous n'avons pas ouvert la porte.
g	J'avais sommeil.	7	La prochaine fois, je serai plus méfiante.
h	Je me suis fait avoir.	8	Je n'ai rien dit.
i	Elle a l'air très sympathique.	9	Il est resté à la maison.
j	Il a la tête sur les épaules.	10	Il a gagné au loto.

avoir envie	______________
avoir peur	______________
avoir de la chance	______________
avoir le courage	______________
avoir sommeil	______________
se faire avoir	______________
avoir l'air	______________
avoir la tête sur les épaules	______________
tout de suite	sofort
prendre une décision	eine Entscheidung treffen
méfiant/-e	misstrauisch

40 Echte Freunde: Nicht ganz ungefährlich

Folgende Wörter haben bei gleicher Bedeutung einige Formunterschiede. Diese Ähnlichkeit in der Form birgt Gefahren.
Sie werden im Laufe dieser Übung feststellen, dass der Buchstabe „k" im Französischen nicht besonders beliebt ist.

1 Setzen Sie das französische Wort ein. Die deutschen Bedeutungen sind jeweils in Klammern angegeben.

a Tu connais le ______________ de Cologne. (Karneval)
b J'ai besoin de ______________ pendant les vacances. (Komfort)
c Cette crise vient du non-______________ du traité de paix. (Respekt)
d Nous avons recruté tout le ______________ dont nous avons besoin. (Personal)
e Quel désordre! Tous ces ______________ de cuisine par terre ! (Utensilien)
f La position du PS sur le ______________ des retraites n'est pas claire. (Konflikt)
g Dans son jardin, il y a une magnifique ______________. (Skulptur)
h Il chante en s'accompagnant à la ______________. (Gitarre)
i Il ne s'est jamais débarrassé de son ______________ français. (Akzent)
j Le siège du ______________ européen se trouve à Strasbourg. (Parlament)
k La politique est-elle l'______________ de la finance ? (Sklavin)
l Tous les citoyens sont égaux devant la loi, sans distinction d'origine, de ______________ et de religion. (Rasse)

avoir besoin de	brauchen
la position	*hier* die Stellungnahme
le PS = parti socialiste	die sozialistische Partei
la retraite	die Rente
se débarrasser de	loswerden
le siège	der Sitz
se trouver	sich befinden
le citoyen	der Bürger
la loi	das Gesetz
la distinction	die Unterscheidung
l'origine, ***f***	die Herkunft

2 Übersetzen Sie.

a Dieser Moderator hat viel Humor.

b Dieses Gerät ist nicht sehr praktisch.

c Der Rhythmus dieses Liedes gefällt mir sehr.

d Sie hat ihr ganzes Leben lang in der Fabrik gearbeitet.

e Wie findest du meine neue Krawatte?

f Er ist ein sehr berühmter Choreograf.

g Kommst du morgen auf das Fest?

h Wie lautet Ihre Telefonnummer?

le présentateur	der Moderator
l'appareil, *m*	das Gerät
célèbre	berühmt

41 Kollokationen: *Idiot cherche village*

„Trottel sucht Dorf": Hier spielt der französische Humorist Pierre Dac auf die enge Verbindung zwischen den beiden Wörtern *idiot* und *village* an, die normalerweise in der Bedeutung von „Dorftrottel" verwendet wird.
In der nächsten Übung geht es um Kollokationen, d. h. um Wörter, die häufig zusammen auftreten.

4

1 Verbinden Sie das Adjektiv mit dem jeweils passenden Substantiv. Ergänzen Sie anschließend die Übersetzung.

a	un brouillard	naturelle	ein ____________ Nebel
b	une ambiance	lumineuse	eine ____________ Stimmung
c	un ennui	épais	eine ____________ Langeweile
d	une imagination	aveugle	eine ____________ Fantasie
e	le sable	douillet	der ____________ Sand
f	une idée	ombragée	eine ____________ Idee
g	une confiance	profond	ein ____________ Vertrauen
h	une autorité	fertile	eine ____________ Autorität
i	une allée	blond	eine ____________ Allee
j	un nid	conviviale	ein ____________ Nest

2 Tragen Sie das jeweils passende Wort in die Sätze ein.

a Quel est votre pire ____________ : l'avarice ou l'hypocrisie ? | qualité - défaut - idée |

b Il a essuyé un échec ____________. | cuisant – bouillant – vif |

c Il y a eu un accident ____________ sur la RN 89. | mortel – meurtrier – fatal |

d Je vous présente mes ____________ condoléances. | sincères – franches – cordiales |

e Simon est mon meilleur ____________. | copain - ennemi - frère |

f Son aide nous a été très ____________. | précieuse – chère – compétente |

g Je vais te donner un conseil ____________. | ami – ennemi – adulte |

h Cette année, nous avons eu un été ____________. | pourri – gâté – perdu |

i Nous avons fait des efforts____________. | humains - surhumains - inhumains |

pire	schlimmster
essuyer un échec	eine Niederlage erleiden
la RN (route nationale)	die Bundesstraße
les condoléances	das Beileid
l'aide, *f*	die Hilfe
l'effort, *m*	die Bemühung

42 Kurzformen: Liegt in der Kürze wirklich die Würze?

Die Umgangssprache lässt gern Wörter schrumpfen: So wird z. B. *le professeur* zu *prof*, wobei er gleichzeitig ein Stück seiner Autorität einbüßt. Einen *prof* nimmt man nicht so ernst wie einen *professeur* ...
Manchmal werden solche Neubildungen von der Standardsprache übernommen: So wurde die *métropolitain* ganz offiziel zur *métro*.

1 Ergänzen Sie die Tabelle, indem Sie die jeweils fehlende Form hinzufügen.

	vollständige Form	*abgekürzte Form*
	un microphone	un micro
a	une ________________	une auto
b	la météorologie	la __________
c	les ________________	les ados
d	la climatisation	la __________
e	une ________________	une photo
f	un hebdomadaire	un __________
g	un écologiste	un __________

la météorologie	der Wetterdienst
la climatisation	die Klimaanlage
l'ado, *m*	der Teenager
l'hebdomadaire, *m*	die Wochenzeitschrift

2 Schreiben Sie die unterstrichenen Satzteile neu. Verwenden Sie die „korrektere" vollständige Form.

a Nous regardons tous les soirs <u>les infos à la télé</u>.

____

b Je ne regarde jamais <u>la pub</u>.

____

c <u>Le frigo</u> est vide, on va <u>au resto</u> ?

____

d Tu viens à <u>la manif</u>, demain ?

____

e Il m'énerve un peu avec ses <u>manières d'aristo</u>.

___

f Tu devrais utiliser <u>un dico</u> unilingue.

___

g J'ai fait un tour avec <u>ma mob</u>.

___

h Dans <u>notre labo</u>, nous n'utilisons aucun animal.

___

i Au lycée, j'adorais <u>les maths</u> et <u>la géo</u>.

___

j Deux rendez-vous chez le médecin demain :
<u>l'ophtalmo</u> et <u>l'oto-rhino</u>.

___

___

la pub	die Werbung
le frigo	der Kühlschrank
la manif	die Demo
l'aristo, *m*	der Aristokrat
le dico	das Wörterbuch
la mob	das Mofa
le labo	das Labor
l'ophtalmologue, *m*	der Augenarzt
l'oro-rhino-laryngologiste, *m*	der Hals-Nasen-Ohrenarzt

43 Zusammengesetzte Wörter: Bauanleitung

Hellbraun: *clair marron ou marron clair ?*
In der Regel gibt es bei den zusammengesetzten Wörtern eine Überkreuzentsprechung. Vergleichen Sie beide Sprachen:

die Handtasche	die Briefmarke
le sac à main	*le timbre poste*

Einige Neubildungen entsprechen jedoch nicht dieser Anordnung, wie z. B. *l'autoroute* die Autobahn oder *le bibliobus* der Bibliotheksbus.

1 Bilden Sie zusammengesetzte Substantive, indem Sie ein Element der linken Spalte mit einem der rechten verbinden. Fügen Sie, wenn nötig, die fehlende Präposition hinzu. Tragen Sie anschließend die deutsche Übersetzung ein.

	coupe	papier	→	*le coupe-papier*	*der Brieföffner*
a	lave	île	→		
b	salle	ciel	→		
c	arc	télévisée	→		
d	presqu'	dent	→		
e	magazine	sœur	→		
f	émission	parole	→		
g	cure	escalier	→		
h	porte	féminin	→		
i	cage	attente	→		
j	belle	linge	→		

2 Ersetzen Sie die Umschreibung durch ein zusammengesetztes Wort. Tragen Sie anschließend die deutsche Übersetzung ein.

une machine pour écrire → une machine à écrire *Schreibmaschine*

a	un coffre pour les objets de valeur	→		
b	un verre pour boire du vin	→		
c	un jardin ouvert au public	→		
d	un verre avec du vin	→		
e	un sac qu'on porte sur le dos	→		

f un fer pour repasser → ____________ ____________
g un instrument pour se laver les dents → ____________ ____________
h un pot pour mettre des plantes → ____________ ____________

l'objet de valeur, *m*	der Wertgegenstand
le public	die Öffentlichkeit
le pot	der Topf

44 *Mots croisés*: Synonyme

In diesem Kreuzworträtsel geht es um synonyme Adjektive. Finden Sie zu jedem unterstrichenen Adjektiv ein gleichbedeutendes. Der Anfangsbuchstabe ist jeweils angegeben.

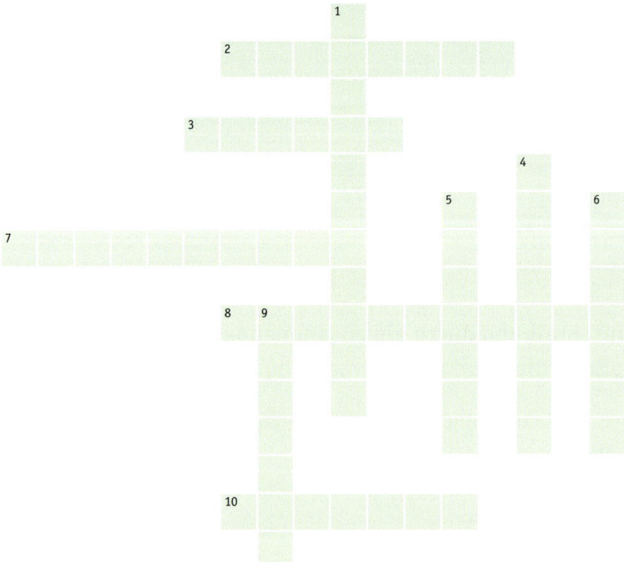

Horizontalement

2 Ne me regarde pas avec cet air méprisant / a____________.
3 Pierre est un enfant plutôt réservé / t____________.
7 Cette entreprise est un peu périlleuse / d____________.
8 Cherche professeur de français pour cours privé / p____________.
10 Nous étions très surpris / é____________ par cette nouvelle.

Verticalement

1 C'est un aspect principal / f____________ du problème.
4 Cette solution n'est commode / p____________ pour personne.
5 Ce texte est totalement incohérent / a____________.
6 Ce mot est d'un emploi peu fréquent / c____________.
9 Elle est très habile / a____________, elle réussira.

45 Stück: Ein starkes Stück

Manchmal hört man deutsche Touristen in Frankreich sagen: *Je voudrais une pièce de fromage, s'il vous plaît.* (Gemeint ist: Ich möchte ein Stück Käse.) Der Verkäufer schaut dann betroffen drein: Der Kunde kann doch unmöglich einen ganzen Käselaib haben wollen! Nein, hier liegt eine Verwechslung vor: Das deutsche Wort „Stück" entspricht im Französischen sowohl *morceau* (als Teil eines Ganzen) als auch *pièce* (in der Bedeutung von „ein ganzes, ungeteiltes Stück").
Pièce als Teil eines Hauses (= Zimmer) sind Sie schon in Übung 25 begegnet.

1 Markieren Sie die richtige Wendung. In einem Fall sind beide Wendungen möglich.

a	(une pièce / un morceau) de pain	ein Stück Brot
b	(une pièce / un morceau) d'une collection	ein Stück aus einer Sammlung
c	(une pièce / un morceau) de deux euros	ein 2-Euro-Stück
d	déchirer en mille (pièces / morceaux)	in tausend Stücke reißen
e	(les pièces / les morceaux) d'un puzzle	Puzzleteile
f	(une pièce / un morceau) de théâtre	ein Theaterstück
g	un maillot (une pièce / un morceau)	ein Badeanzug
h	(une pièce / un morceau) de musique	ein Musikstück
i	couper en (petites pièces / petits morceaux)	in kleine Stücke schneiden
j	du sucre en (pièces / morceaux)	Würfelzucker
k	(d'une seule pièce / d'un seul morceau)	aus einem Stück
l	les avocats coûtent 2 euros (pièce / morceau)	die Avocados kosten 2 Euro das Stück

2 Übersetzen Sie.

a Er hat das größte Stück gegessen.

____

b Von wem ist dieses Musikstück?

____

c Sie werden stückweise verkauft.

____

d Kennst du dieses Theaterstück?

e Könnte ich ein Stück Brot haben, bitte?

f Hast du ein Ein-Euro-Stück für den Parkautomaten?

g Wir verkaufen die Trüffeln kiloweise, nicht stückweise.

h Werfen Sie eine Münze in den Brunnen, das bringt Glück.

i Möchten Sie noch ein Stück Kuchen?

vendre → vendu	verkaufen → verkauft
l'horodateur, *m*	der Parkautomat
jeter	werfen
la fontaine	der Brunnen
porter bonheur	Glück bringen

46 Neu: Sicher nichts Neues für Sie

J'ai une nouvelle voiture. – Une voiture neuve ? – Non, une voiture d'occasion.
Für „neu" gibt es im Französischen zwei Wörter: ***neuf/neuve*** und ***nouveau/ nouvelle***.
Neuf kennzeichnet einen Gegenstand, der nagelneu ist, sozusagen frisch aus der Fabrik. *Neuf* steht außerdem immer nach dem Substantiv, auf das es sich bezieht.
Anders als *neuf* kann ***nouveau*** vor oder nach dem Substantiv stehen.
Die Bedeutung ändert sich dabei leicht. Vergleichen Sie:
un film nouveau ein neuer Film (gerade herausgekommen)
un nouveau film ein neuer Film (ein weiterer Film)

1 Markieren Sie die jeweils passende Wendung.

a (Mesures neuves / Nouvelles mesures) pour la protection de l'environnement.
b Ecopastille sur les (voitures neuves / nouvelles voitures).
c (Normes neuves / Nouvelles normes) pour tous les bâtiments neufs construits en France.
d Taxe écologique annuelle sur les (véhicules neufs / nouveaux véhicules) polluants.
e 50.000 emplois créés d'ici à 2012 dans le secteur des (énergies neuves / énergies nouvelles).
f Le (vin neuf / vin nouveau) est déjà en vente dans les supermarchés.
g Notre appartement vient d'être (refait à neuf / refait à nouveau).
h A vendre, canapé (état neuf / état nouveau) pour cause de déménagement.
i Il a toujours un (projet neuf / nouveau projet) dans sa poche.

la mesure	die Maßnahme
la protection	der Schutz
l'environnement, *m*	die Umwelt
polluant/-e	umweltbelastend
l'emploi, *m*	die Arbeitsstelle
être en vente	zum Verkauf angeboten werden
l'état, *m*	der Zustand
le déménagement	der Umzug
la poche	die Tasche

2 *Neuf/-ve* oder *nouveau/-elle*. Übersetzen Sie.

a ein neues Leben ______
b der neue Umweltminister ______
c ein neuer Anfang ______
d Dieses Auto ist wie neu. ______
e die neue Rechte ______
f ein Neubau ______
g Neues Haus zu verkaufen. ______
h Was gibt's Neues? ______
i das Neue Testament ______

47 *Passer (2): On repasse par passer.*

Eine einzige Übung (siehe Übung 6) reicht nicht aus, um alle Gebrauchsmöglichkeiten des französischen Verbs *passer* zu trainieren. Machen Sie also jetzt eine weitere Übung.

Durch welches der im Kasten stehenden Verben können Sie *passer* in den folgenden Sätzen ersetzen?

cesser	traverser	taire	~~venir~~ (2 ×)
penser	mettre	être accepté	redoubler
circuler	être adopté	être considéré	diffuser
entrer	grandir	atteindre	pardonner

Il est passé à quelle heure ?
venir / Il est venu à quelle heure ?

a Elle ne passe pas dans la classe supérieure.

b Le bus ne passe plus après 22 heures.

c Je vous passerai les détails.

d Je passe une veste et j'arrive.

e Il passe pour être un vieil original.

f Je suis passé par le centre ville.

g Il dit tout ce qui lui passe par la tête.

h Prends ce médicament, les douleurs vont passer.

i Ils ont passé le film hier soir, très tard.

j Le cambrioleur est passé par la fenêtre.

k La consommation de café est passée à 750 gr. par an et par personne.

l Passe à la maison ce soir, si tu as le temps.

m Il n'a jamais voulu passer l'éponge.

n La loi a passé de justesse.

o Les quotas sur la pêche passent très mal en France.

p J'ai passé mon enfance à Paris.

la classe supérieure	die nächsthöhere Klasse
le détail	die Einzelheit
la veste	die Jacke
le vieil original	der alte Sonderling
la douleur	der Schmerz
le cambrioleur	der Einbrecher
l'éponge, *f*	der Schwamm
la loi	das Gesetz
de justesse	knapp
la pêche	der Fischfang
l'enfance, *f*	die Kindheit

48 *Donner: On va voir ce que ça donne.*

Man kann **viel** mit **wenigen** Worten sagen, dies ist eine wichtige Strategie beim Sprachenlernen. Aber bei dieser Übung ist das nicht unser Ziel. Trainieren Sie Ihre Ausdrucksfähigkeit, indem Sie viele neue Bedeutungen eines einzigen Verbs lernen.

Ersetzen Sie das Verb *donner* durch ein präziseres Verb aus dem Kasten. Notieren Sie anschließend in Klammern die deutsche Entsprechung.

embrasser	asséner	~~s'ouvrir~~	dénoncer	consacrer
répondre	dire	provoquer	remettre	jouer
promettre	aider	attribuer	distribuer	causer

Mes fenêtres donnent sur la forêt.
Mes fenêtres s'ouvrent … (s'ouvrir / sich öffnen)

a Qu'est-ce qu'on donne au théâtre ce soir ?

b J'ai donné les clés aux voisins.

c Il a refusé de me donner l'heure.

d Je n'ai que très peu de temps à vous donner.

e Nous vous donnerons notre réponse demain.

f Qui a donné ? Je n'ai que onze cartes.

g Il m'a donné sa parole qu'il n'irait pas.

h Ils l'ont donné à la police qui l'a arrêté aussitôt.

i Cela nous a donné pas mal de difficultés.

j Le tabac donne le cancer.

k C'est alors qu'elle lui a donné un baiser.

---

l Tu me donnes des intentions que je n'ai pas.

---

m Il m'a donné un coup de poing violent.

---

n Pouvez-vous me donner un coup de main, S.V.P. ?

---

refuser	sich weigern
ne … que	nur
donner sa parole	sein Wort geben
arrêter	festnehmen
aussitôt	sofort
le cancer	der Krebs
l'intention, *f*	die Absicht
le coup de poing	der Faustschlag

49 Adjektive: Voran- oder nachgestellt

Un pauvre homme n'est pas toujours pauvre.
Einige Adjektive ändern ihre Bedeutung, je nachdem, ob sie vor oder nach dem Substantiv stehen. So wird in unserem Beispiel *pauvre* das erste Mal in der Bedeutung von „bedauernswert" und das zweite Mal in der Bedeutung von „arm" verwendet.
Merken Sie sich einfach Folgendes: Das nachgestellte Adjektiv behält seine wörtliche Bedeutung, das vorangestellte erhält eine übertragene, oft wertende Bedeutung.

1 Markieren Sie die jeweils im Satz realisierte Bedeutung des Adjektivs.

	C'est une histoire vraiment triste.	traurig / schlimm
a	Avez-vous les mains propres ?	sauber / eigen
b	Il m'est arrivé une aventure très drôle.	lustig / merkwürdig

c	Mes chers amis ...	teuer / lieb
d	C'était un grand homme assurément.	groß / bedeutend
e	Je n'aime pas les meubles anciens.	alt (wertvoll) / ehemalig
f	C'est une brave femme.	tapfer / nett
g	Pierre m'a raconté une drôle d'histoire.	lustig / merkwürdig
h	Cela a duré un certain temps.	sicher / gewiss
i	J'ai rencontré mon ancien patron hier.	alt / ehemalig

l'aventure, *f*	Abenteuer, *hier* Geschichte
arriver	ankommen, *hier* passieren
assurément	gewiss / sicherlich
le patron	der Chef

2 Ergänzen Sie die fehlenden Übersetzungen.

a	____________________	sein eigenes Unternehmen
b	une seule femme	____________________
c	une triste affaire	____________________
d	____________________	neugierige Nachbarn
e	____________________	ein bedauernswertes Mädchen
f	les différents aspects du problème	____________________
g	____________________	letzte Woche
h	un film drôle	____________________
i	____________________	ein altes Haus
j	____________________	unterschiedliche Programme
k	____________________	eine sichere Sache

l'entreprise, *f*	das Unternehmen
les voisins, *m pl*	die Nachbarn

50 Verb + Präposition: Enge Bindungen

Am besten lernen Sie ein Verb mit seiner Ergänzung, wie z. B. *s'intéresser* ***à*** (sich interessieren **für**). So vermeiden Sie eine Menge Fehler und der Lernaufwand ist nicht allzu groß.
Kleiner Tipp an dieser Stelle: Die meistverwendeten Präpositionen bei Verben sind *à* und *de*.

1 Ergänzen Sie die richtige Präposition, auch in der Vokabelliste.

a	Qui va s'occuper ______ chien ?	du – pour
b	J'aimerais bien réfléchir un peu ______ cette proposition.	à – sur
c	Ils ont parlé longtemps ______ réchauffement climatique.	du – sur le
d	Je compte ______ vous, demain.	avec – sur
e	Il a beaucoup contribué ______ la réussite de notre projet.	à – pour
f	Il est accusé ______ meurtre.	de – à cause de
g	Elle est chargée ______ suivi du projet.	avec le – du
h	Je n'arrive pas à m'habituer ______ climat de cette région.	au – avec

s'occuper ______	sich kümmern um
la proposition	der Vorschlag
le réchauffement climatique	die Klimaerwärmung
compter ______	rechnen mit
contribuer ______	beitragen zu
accusé ______	angeklagt
chargé ______	beauftragt mit
le suivi	die Abwicklung
s'habituer ______	sich gewöhnen an

2 Ergänzen Sie die Präpositionen und übersetzen Sie.

a participer ____ Ich kann an der Sitzung morgen nicht teilnehmen.

b se souvenir ____ Ich erinnere mich sehr gut an diese Geschichte.

c traduire ____ Können Sie diesen Text ins Französische übersetzen?

d apprendre ____ Wo hast du Deutsch sprechen gelernt?

e se débarrasser ____ Ich kann diese Angst nicht loswerden.

f tenir ____ Ich hänge sehr an diesem Foto.

g se tromper ____ Wir haben uns verfahren.

h se séparer ____ Sie hat sich vor drei Jahren von ihrem Mann getrennt.

i arrêter ____ Du solltest aufhören zu rauchen.

j renoncer ____ Sie verzichtet nie auf eine Reise.

k parler ____ Wir haben über alles und nichts gesprochen.

la réunion	die Sitzung
la peur	die Angst
il y a trois ans	vor drei Jahren
fumer	rauchen
le voyage	die Reise

51 Synonyme: Gleich und gleich gesellt sich gern ...

Synonyme sind Wörter, die dieselbe Bedeutung haben. Sie sind in bestimmten Kontexten austauschbar, ohne dass sich die Bedeutung des Satzes wesentlich ändert.

Ersetzen Sie die in Klammern stehenden Wörter durch eines der Synonyme aus dem Kasten. Denken Sie daran, die Adjektive und Verben anzugleichen und auch den richtigen Artikel zu verwenden.

ennui	continuer	amusant	saisi	le début
le succès	épuisé	énervé	bizarre	gentil
octroyé	l'échec	content	le médecin	la sortie

a Aujourd'hui, c'était la photo de classe. On était très (excités) ________________.

b Le professeur sourit tout le temps. Il a l'air (heureux) ________________ d'être là, c'est (étrange) ________________.

c Je crois que comme les élèves, je n'ai (compris) ________________ que la moitié des discours.

d Nos voisins sont des gens très (aimables) ________________.

e Cette histoire est vraiment très (drôle) ________________.

f Les enfants, (très fatigués) ________________, se sont endormis tout de suite.

g Il porte seul la responsabilité de la (défaite) ________________ de la droite dans sa ville.

h Tu tousses depuis longtemps. Tu devrais aller chez le (docteur) ________________.

i Les crédits nécessaires demandés vous seront (attribués) ________________.

j J'ai eu beaucoup de (soucis) ________________ ces derniers temps.

k Vu (la réussite) ________________ du film, on lui a proposé tout de suite un nouveau rôle.

l Je n'ai rien vu, alors, j'ai (poursuivi) ________________ mon chemin.

m Je ne connais ni (le commencement) ______________ ni la fin de cette histoire.
n Les gens, dans leur panique, n'ont pas trouvé (l'issue) ______________ de secours.

sourire	lächeln
la moitié	die Hälfte
le discours	die Rede
aimable	freundlich
s'endormir	einschlafen
la responsabilité	die Verantwortung
la défaite	das Scheitern
nécessaire	notwendig
attribuer	zuweisen / erteilen
le souci	die Sorge
ces derniers temps	in letzter Zeit
la réussite	der Erfolg
le commencement	der Anfang
l'issue de secours, *f*	der Notausgang

52 Antonyme: Haben Sie etwas dagegen?

Das Gegenteil von *du pain frais* (frisches Brot) ist *du pain rassis* (altes Brot).
Ist der Fisch nicht frisch, ist er aber nicht *rassis*, sondern *avarié*. Oje!
Und Bohnen, die nicht frisch sind, sind weder *rassis* noch *avariés*, sie sind ganz einfach *secs* (trocken).
Dasselbe Wort kann also, je nach Zusammenhang, unterschiedliche Antonyme haben.

5

Was ist das Gegenteil von ...? Ergänzen Sie die gegensätzlichen Aussagen mit dem jeweils passenden Adjektiv. Achten Sie auf Angleichung und Stellung des Adjektivs.

mince / fin	~~doux / pluvieux~~	stagnant / lent
superficiel / léger	chaud / chaleureux	flou / sale
irréfléchi / turbulent	léger / aigu	adroit / droit
valable / fort	gris / foncé	payant / motivé

un vin **sec** — *un vin doux*
un temps **sec** — *un temps pluvieux*

a une voix **grave** ______
  un accident **grave** ______
b une remarque **gratuite** ______
  une représentation **gratuite** ______
c de **grosses** lèvres ______
  du **gros** sel ______
d la main **gauche** ______
  un geste **gauche** ______
e un sommeil **profond** ______
  une pensée **profonde** ______
f une couleur **claire** ______
  un temps **clair** ______
g des eaux **vives** ______
  une enfant **vive** ______
h la saison **froide** ______
  un accueil **froid** ______
i un enfant **sage** ______
  une décision **sage** ______
j une maison **nette** ______
  une photo **nette** ______
k un élève **nul** en maths ______
  un bulletin (de vote) **nul** ______

53 Wendungen: Das Problemwörtchen *en*

Wann und wie *en* als Pronomen verwendet wird (z. B. als Vertreter einer Ergänzung mit *de*: *Je viens de la gare.* → *J'**en** viens* oder *Je me souviens de cette histoire.* → *Je m'**en** souviens*), ist eigentlich Gegenstand der Grammatik. Aber *en* als Pronomen erscheint in vielen festen Wendungen und um solche „lexikalisierte" Wendungen geht es in den folgenden Übungen.

1 Verbinden Sie die französische Wendung mit ihrer deutschen Entsprechung.

a	Cet enfant n'en fait qu'à sa tête.	1	Wenn Sie Lust haben.
b	Où en es-tu de ton travail?	2	Ich kann nicht mehr schlafen.
c	Je n'en dors plus.	3	Dieses Kind tut nur, was es will.
d	On s'en tient là, d'accord ?	4	Bitte sehr!
e	Ça n'en finit pas !	5	Ich habe mich nach Herzenslust amüsiert.
f	Si le cœur vous en dit.	6	Wie weit bist du mit deiner Arbeit?
g	Ils en sont venus aux mains.	7	Ich kann es nicht fassen.
h	Je m'en suis donné à cœur joie.	8	Der bloße Gedanke macht mich krank.
i	Je n'en ai cure.	9	Wir lassen es dabei bewenden, O.K.?
j	T'en fais une drôle de tête.	10	Es nimmt kein Ende!
k	Je vous en prie.	11	Du schaust aber komisch drein!
l	Je n'en reviens pas.	12	Es kümmert mich nicht.
m	Rien que d'y penser, j'en suis malade.	13	Sie wurden handgreiflich.

2 In welcher Situation können Sie die folgenden Wendungen mit *en* verwenden? Übersetzen Sie anschließend die Wendung mit *en*.

a Vous êtes énervé(e).
b Vous n'avez pas pardonné à quelqu'un.
c Vous voulez partir.
d Vous êtes stupéfait(e) par ce que vous voyez.
e Vous êtes très fatigué(e).
f Vous voulez rassurer quelqu'un.
g Vous ignorez quelque chose.
h Vous ne vous faites jamais de soucis.
i Vous faites confiance à quelqu'un.
j Vous vous faites beaucoup de soucis.

1 Je n'en crois pas mes yeux.
2 Je n'en peux plus.
3 Ne t'en fais pas, tout ira bien.
4 Je lui en veux.
5 J'en ai marre !
6 Je n'en dors plus la nuit.
7 On s'en va ?
8 Je m'en remets à vous.
9 Je n'en ai pas la moindre idée.
10 Je ne m'en fais jamais.

pardonner	verzeihen
stupéfait/-e	sehr erstaunt
rassurer quelqu'un	jemanden beruhigen
faire confiance à quelqu'un	jemandem vertrauen
se faire des soucis	sich Sorgen machen
la moindre idée	die geringste Ahnung

54 Aussprache: X keine Unbekannte mehr

Es gibt für den Buchstaben *x* keine einheitliche Aussprache. Am Wortanfang und zwischen zwei Vokalen, wenn auf *ex-* ein Vokal oder stummes *h* folgt, wird es wie [gz], also stimmhaft, ausgesprochen: *xylophone* [gzilofɔn], *exemple* [egzɑ̃pl], *exhumer* [egzyme]. Vor einem Konsonanten und in vielen Fällen zwischen Vokalen spricht man es wie [ks], also stimmlos: *extra* [ɛkstʀa], *taxi* [taksi]. Bei Zahlen wird *x* wie [s] oder [z] gesprochen: *soixante* [swasɑ̃t], *deuxième* [døzjɛm]. Am Wortende wird *x* meist nicht gesprochen: *faux* [fo], *bateaux* [bato].

1 Ordnen Sie die folgenden Wörter mit *x* dem passenden Laut zu und sprechen Sie sie laut.

~~xénophobe~~ – examen – ~~sixième~~ – maximum – dix-sept – boxe – six – dix-neuvième – dixième – xylophone – exil – ~~soixante~~ – ~~excuse~~ – Bruxelles – dix-huit – taxe

[gz] stimmhaft	[ks] stimmlos	[s] stimmlos	[z] stimmhaft
xénophobe	excuse	soixante	sixième

xénophobe	ausländerfeindlich
l'excuse, *f*	die Entschuldigung
la taxe	die Steuer

2 Bei welchen Wörtern wird das *-x* am Wortende gesprochen? Ordnen Sie zu.

croix – prix – thorax – choix – cortex – silex – heureux – larynx – sphinx – jumeaux

hörbar	stumm

la croix	das Kreuz
le choix	die Wahl
le silex	der Feuerstein
le larynx	der Kehlkopf
les jumeaux	die Zwillinge

55 *Mots croisés*: Wendungen

Im diesem Kreuzworträtsel geht es um feste Redewendungen. Tragen Sie das jeweils fehlende Wort aus dem Kasten in das Gitter ein.

jambes – tombe – principes – vérités – œufs – carpe – étoile – langue – tête – dent – volontés – pieds

Horizontalement

5 Le voleur a pris ses ______________ à son cou.

6 Nous avons dormi à la belle ______________.

8 Il est toujours très à cheval sur les ______________.

9 Il ne me salue plus, je crois qu'il a une ______________ contre moi.

11 Sois prudent, tu marches sur des ______________.

12 A mon avis, il a une idée derrière la ______________.

Verticalement

1 Il n'a rien dit, il est resté muet comme une ______________.

2 Je lui ai dit ses quatre ______________.

3 Cette gamine a la ______________ bien pendue.

4 Il faut toujours faire ses quatre ______________.

7 Quel gaffeur ! Il a encore mis les ______________ dans le plat.

10 S'il savait ça, ton grand-père se retournerait dans sa ______________.

56 Bekommen: Wohl bekomm's!

Nur selten wird „bekommen" im Französischen mit *recevoir* wiedergegeben: Man bekommt z. B. einen Brief oder einen Preis: *On reçoit une lettre, on reçoit un prix*. In diesen Fällen handelt man nicht wirklich aktiv. Wenn das deutsche Verb „bekommen" eine aktive Handlung beschreibt, müssen andere Verben verwendet werden.
Oft wird das aktive Handeln von der Seite der handelnden Person aus beschrieben: Was bekommen Sie? → *Qu'est-ce que je vous sers ?*

Übersetzen Sie die Sätze. Verwenden Sie dabei Verben aus dem Kasten. Setzen Sie diese in die richtige Form.

faire – trouver – attraper – devoir – obtenir – servir – recevoir (2 ×) – avoir (4 ×) – convenir

a Sie hat Zwillinge bekommen.

b Ich habe die Grippe bekommen.

c Das Baby bekommt Zähne.

d Was bekommen Sie, bitte?

e Du wirst Ärger bekommen.

f Was bekommen Sie für die Übersetzung?

g Er hat die Mehrheit der Stimmen bekommen.

h Die Arbeit bekommt ihm nicht.

i Wo kann ich etwas zu trinken bekommen?

j Ich habe deinen Brief nicht bekommen.

k Plötzlich habe ich Zweifel bekommen.

____

l Er hat den ersten Preis bekommen.

____

m Wir bekommen am Wochenende Besuch.

____

les jumeaux, *m pl*	die Zwillinge
la dent	der Zahn
les problèmes, *m pl*	*hier* der Ärger
la traduction	die Übersetzung
la majorité des voix	die Mehrheit der Stimmen
quelque chose à boire	etwas zu trinken
le doute	der Zweifel
le premier prix	der erste Preis

57 Fehler: Wer ist schon perfekt ...

„Fehler" entspricht im Französischen sowohl ***faute*** als auch ***erreur***, wobei *faute* ein Beigeschmack von „Schuld" anhaftet. So ist ein schwerer Fehler *une faute grave*.
„Fehler" als negative Eigenschaft ist *un* ***défaut***: *Quel est ton plus grand défaut ?* Was ist dein größter Fehler?
Im Zweifelsfall entscheidet der Sprachgebrauch, welchem Wort der Vorzug gegeben wird.

1 Setzen Sie *faute, erreur* oder *défaut* ein.

a J'espère n'avoir fait aucune ______________ dans mes calculs.
b Ce n'est pas de ma ______________.
c ______________ avouée est à moitié pardonnée.

d Il faut savoir tirer les leçons de ses ____________ .
e Il a fait trois ____________ dans sa dictée.
f Quel est pour vous, le pire ____________ ?
g Vous n'êtes pas bien renseigné, il s'agit d'une ____________, sans doute.
h Ce serait une ____________ de banaliser cet événement.
i Il a reconnu sa ____________ et demandé pardon aux familles des victimes.
j Je ne lui connais aucune qualité. Il n'a que des ____________ .
k Vous n'avez pas le profil : c'est une ____________ de casting.
l Je vous assure, vous faites ____________. Je ne suis pas M. Levert.

avouer	gestehen
pardonner	verzeihen
tirer une leçon de	eine Lehre ziehen aus
l'événement, *m*	das Ereignis
la victime	das Opfer

2 Übersetzen Sie und ergänzen Sie anschließend die Vokabelliste.

a Ich habe nachgezählt. Ich finde keinen Fehler.

____

b Es muss ein Irrtum sein.

____

c Ich habe einen Flüchtigkeitsfehler entdeckt.

____

d Diese Ware hat einen Fabrikationsfehler.

____

e Dieser Arzt hat einen schweren Kunstfehler gemacht.

____

f Ich habe keinen einzigen Fehler gemacht.

____

recompter	nachzählen
____________	der Flüchtigkeitsfehler
____________	der Fabrikationsfehler
____________	der Kunstfehler

6

58 Polysemie: Aus eins mach mehr ...

Finden Sie heraus, welchem deutschen Wort die folgenden französischen Wendungen (in den Sätzen unterstrichen) entsprechen. Ergänzen Sie anschließend die Vokabelliste.

Vous avez raison, je trouve. *Recht*
J'ai tout à fait le droit de dire ça.

a Qui fait la cuisine aujourd'hui ?
J'ai fait cuire des pâtes. ______
Dès que l'eau bout, tu baisses la flamme.

b Ça m'est égal.
J'ai le même pull que toi. ______
Vert ou bleu, c'est pareil.

c Elle est très douée pour le bonheur.
Il n'a jamais eu beaucoup de chance. ______
Il a beaucoup de succès auprès des femmes.

d Il a des cheveux magnifiques.
Elle a une belle chevelure blonde. ______
C'est une race de chats à poils courts.

e Il habite dans un foyer d'étudiants.
Ils l'ont placé dans un centre d'accueil pour enfants. ______
Ils sont dans une résidence pour personne âgées.

f Je n'ai aucune nouvelle de ma sœur.
Il a téléphoné, mais n'a pas laissé de message. ______
Je n'ai pas regardé les informations ce soir.

g Avez-vous envoyé la facture à notre client ?
Je voudrais un café et l'addition, s'il vous plaît. ______
Je me suis trompé dans mes calculs.

h On peut fumer, ici ?
Je n'ai pas le droit de sortir, ce soir. ______
Tu n'aurais pas dû dire ça.

i Est-ce que la pendule est <u>à l'heure</u> ?
Je ne trouve pas <u>bien</u> qu'il ait refusé de te voir. ______________
Je crois que cette réponse n'est pas <u>correcte</u>.

les pâtes	Teigwaren / Nudeln
bouillir	______________
baisser	niedriger stellen
pareil/-le	______________
le succès	*hier* ______________
le foyer	______________
le centre d'accueil pour enfants	______________
les personnes âgées	die älteren Menschen
envoyer	schicken
se tromper	sich irren
la pendule	die Wanduhr

59 *Changer*: Alles ist im Wandel …

Zur Wiedergabe des französischen Verbs *changer* gibt es je nach Situation mehrere Möglichkeiten:

1. ändern: *J'ai changé mes plans.* Ich habe meine Pläne geändert.
2. sich verändern: *Elle a beaucoup changé.* Sie hat sich sehr verändert.
3. sich ändern: *Le temps change.* Das Wetter ändert sich.
4. wechseln: *Je voudrais changer deux cents euros.* Ich möchte zweihundert Euro wechseln.
5. umsteigen: *Pour Nation, vous changez à Opéra.* Um zu „Nation" zu kommen, müssen Sie bei „Opera" umsteigen.

Beachten Sie noch:
***Se** changer* bedeutet „sich umziehen": *Je me change et j'arrive.* Ich ziehe mich um und komme gleich.

6

1 In welcher der auf Seite 101 aufgeführten Bedeutungen wird das Verb *changer* hier verwendet? Tragen Sie für jeden Satz die entsprechende Zahl ein.

Nous avons dû changer d'appartement. 4
a J'ai revu Anne. Elle n'a pas du tout changé. ___
b Tout change, tout se transforme. ___
c C'est direct. Vous n'avez pas besoin de changer. ___
d Le climat est en train de changer. ___
e Il a changé complètement de vie. ___
f Mes pneus sont usés. Je dois les changer. ___
g Nous avons changé le programme. C'était trop long. ___
h Le voyage était pénible et j'ai dû changer deux fois. ___

le pneu	der Reifen
usé/-e	abgenutzt
pénible	anstrengend

2 Übersetzen Sie die folgenden Sätze. Sie können in jedem Satz *changer* verwenden.

a Ich habe meine Meinung geändert.

___

b Sie zieht sich ständig um.

___

c Wir müssen das Bett frisch beziehen.

___

d Ich habe alle Möbel umgestellt.

___

e Sie hat die Schule gewechselt.

___

f Geh hin, es wird dich auf andere Gedanken bringen.

___

l'avis, *m*	die Meinung
sans arrêt	ständig
les draps, *m pl*	die Bettlaken und Bettbezüge

60 Unterschiedliches Genus: Unterschiedliche Bedeutung

Ils ont fait le tour de la tour. Sie haben einen Rundgang um den Turm gemacht. Einige Substantive ändern mit dem Geschlecht ihre Bedeutung. Diese Homonyme (= Wörter, die gleich geschrieben und ausgesprochen werden, jedoch eine unterschiedliche Bedeutung haben) unterscheiden sich nur durch das Genus. Machen Sie nun zwei Übungen dazu.

1 Männlich oder weiblich? Tragen Sie *le* oder *la* in die Tabelle ein.

a	____ page	die Seite
b	____ poste	die Post
c	____ moule	die Backform
d	____ manche	das Spiel
e	____ vase	die Vase
f	____ livre	das Buch
g	____ voile	der Schleier
h	____ mousse	der Schaum
i	____ mémoire	das Gedächtnis
j	____ poêle	die Pfanne

2 Markieren Sie die richtige Möglichkeit und ergänzen Sie die fehlenden Artikel in der Vokabelliste.

a Je n'aime pas les chemises à manches (courts / courtes).
b Assieds-toi près (du / de la) poêle.
c (Ton / Ta) mémoire, il est sur quoi ?
d As-tu finalement obtenu (le / la) poste ?
e Attention, (le / la) manche de la casserole est (brûlant / brûlante).
f J'ai mangé des moules qui n'étaient pas très (frais / fraîches).
g Tu n'as pas vu (mon / ma) livre ?
h Après le déjeuner, il fait toujours (un petit / une petite) somme.
i (Il / Elle) est à l'heure, (ce / cette) pendule ?
j En Bretagne, nous avons fait (du /de la) voile.
k Je voudrais (un / une) livre de haricots verts, s'il vous plaît.

___ manche	der Ärmel
___ poêle	der Ofen
___ mémoire	die (wissenschaftliche) Arbeit
obtenir	bekommen
___ manche	der Griff
la casserole	der Kochtopf
brûlant/-e	heiß
___ moule	die Muschel
___ somme	das Schläfchen
___ pendule	die Wanduhr
___ voile	der Schleier
faire de ___ voile	segeln
___ livre	das Pfund

61 *Prendre: « Prendre » est toujours bon à prendre.*

Im Folgenden geht es darum, die vielen Verwendungsmöglichkeiten von ***prendre*** zu üben. *Prendre* wird in den folgenden Wendungen nur selten mit „nehmen" übersetzt. Achten Sie darauf, welche unterschiedlichen Bedeutungen diese Ausdrücke im Deutschen annehmen können.

1 Ersetzen Sie das Verb (unterstrichen) durch eine Wendung mit *prendre*.

Il a refusé de s'asseoir. → *Il a refusé de prendre place* ______.

a Le voleur s'est enfui. → ______________________.

b Elle a peur de grossir. → ______________________.

c On m'a volé mon vélo. → ______________________.
d Je n'ai rien noté. → ______________________.
e Ne vous pressez pas. → ______________________.
f Le téléviseur s'est enflammé. → ______________________.
g J'aime photographier mon chat. → ______________________.
h Je l'ai confondu avec son frère. → ______________________.
i Tu dois absolument te reposer. → ______________________.
j J'ai engagé une femme de ménage. → ______________________.
k J'ai fait un tour, histoire de m'aérer un peu. → ______________________.
l Je l'ai laissé conduire. → ______________________.

refuser	sich weigern
le voleur	der Dieb
se presser	sich beeilen
s'enflammer	Feuer fangen
confondre	verwechseln
engager	einstellen
s'aérer	an die frische Luft gehen
conduire	fahren

2 Übersetzen Sie. Verwenden Sie in jedem Satz eine Wendung mit *prendre*.

a Er wurde auf frischer Tat ertappt.

____

b Trinkst du einen Aperitif?

____

c Ich fahre nicht gern mit der Metro.

____

d Er geht niemals Risiken ein.

____

e Niemand hier möchte dafür die Verantwortung übernehmen.

____

f Er hat in einem Jahr 20 Kilo zugenommen.

____

g Biegen Sie nach dem Rathaus links ab.

____

h Diese Arbeit hat mir sehr viel Zeit geraubt.

____

i Ich muss unbedingt Abstand gewinnen.

____

sur le fait	auf frischer Tat
le risque	das Risiko
la responsabilité	die Verantwortung
absolument	unbedingt
le recul	der Abstand

62 Bei: „Bei" ist viel mehr als *chez*.

Nicht aufgeben! Nutzen Sie jede Gelegenheit, den richtigen Gebrauch von Präpositionen zu üben. In dieser Übung finden Sie Wendungen, die alle die Präposition „bei" enthalten. Merken Sie sich gut, wie diese Präposition im Französischen wiedergegeben wird, z. B. wird „bei" nur in Verbindung mit einem Personen- oder Firmennamen mit *chez* übersetzt.
Drückt „bei" eine Gleichzeitigkeit aus, so wird es oft mit dem *gérondif* (*en* + Partizip Präsens) wiedergegeben: *On ne parle pas en mangeant.* Man spricht nicht beim Essen.

1 Ergänzen Sie die Übersetzungen. Die Präposition „bei" bleibt in zwei Fällen unübersetzt.

a Warst du **beim Arzt**?
Tu es allé ______________________________ ?

b Ich schlafe immer **bei offenem Fenster**.
Je dors toujours ______________________________.

c Ich möchte **bei dir** sein.
J'aimerais être ______________________.

d Ich wohne **bei Lyon**.
J'habite ______________________.

e Ich habe kein Geld **bei mir**.
Je n'ai pas d'argent ______________________.

f Du wirst doch **bei diesem Wetter** nicht rausgehen!
Tu ne vas quand même pas sortir ______________________ !

g Ich habe mich **beim Rasieren** geschnitten.
Je me suis coupé ______________________.

h Er wohnt noch **bei seinen Eltern**.
Il habite encore ______________________.

i Sie arbeitet schon lange **bei der Post**.
Elle travaille ______________________ depuis lontemps.

2 Wendungen mit „bei": Ergänzen Sie die französische Präposition und verbinden Sie die Elemente rechts und links.

a	prendre ______ la main.	1	bei 35 Grad im Schatten
b	______ tous les temps	2	beim Sprechen
c	______ de pluie	3	bei der Gelegenheit
d	______ l'occasion	4	bei Gott schwören
e	______ jour et ______ nuit	5	beim besten Willen
f	______ 35 degrés à l'ombre	6	bei Tagesanbruch
g	______ la meilleure volonté du monde	7	bei der Hand nehmen
h	______ parlant	8	bei Tag und Nacht
i	______ lever du jour	9	bei jedem Wetter
j	jurer ______ Dieu	10	bei Regen

63 Synonyme: Kleine Stilkunde

*C'est ton **frangin** ? – Oui, c'est mon **frère**.* Ist das dein **Bruder**? – Ja, das ist mein **Bruder**.
Die meisten Synonyme sind nur bedingt austauschbar. Zum Beispiel sind *frangin* und *frère* zwar Synonyme, weil sie dasselbe bezeichnen, aber sie entsprechen zwei verschiedenen Sprachniveaus (*registres de langue*): *Frère* gehört zum Standardfranzösisch, während *frangin* zum „lässigen" Stil gehört und nur unter guten Bekannten verwendet wird.

Sagen Sie dasselbe auf Standardfranzösisch, indem Sie die unterstrichenen Wörter des lässigen Stils durch ein Wort der Standardsprache ersetzen. Ergänzen Sie dann die Vokabelliste.

sœur	homme	énormément	comprendre	prendre froid
peur	ami	voiture	assez	sentir mauvais
voler	docteur	travail	livre	appartement

On a bien rigolé au cinéma hier soir.
On a bien ri au cinéma hier soir.

a Pierre, c'est mon meilleur pote.

b Dans cet appart, il y a des bouquins partout.

c J'ai mal à la tête, je vais aller chez le toubib.

d Je crois que j'ai attrapé la crève.

e J'ai rien pigé à ce discours.

f Oh là là, ça pue ici.

g Ce mec est complètement fou.

h Je me suis fait piquer mon mobile.

i Tu es venu en bagnole ?

____

j J'ai beaucoup de boulot en ce moment.

____

k J'ai vraiment eu la trouille.

____

l J'en ai ras le bol de cette histoire.

____

m Il a vachement de problèmes en ce moment.

____

n Elle a quel âge, ta frangine ?

____

le bouquin	_______________
le toubib	_______________
attraper la crève	_______________
piger	_______________
puer	_______________
le mec	_______________
piquer	_______________
la bagnole	_______________
le boulot	_______________
avoir la trouille	_______________
ras le bol	_______________
vachement	_______________
le / la frangin/-e	_______________

64 Falsche Freunde: Seien Sie auf der Hut ...

*20 novembre : grève des **fonctionnaires**.* Nicht deutsche Parteifunktionäre streiken, sondern französische Beamte.
Wieder geht es um falsche Freunde (*faux-amis*). Diesem Thema sind Sie schon in den Übungen 19 und 40 begegnet.

6

1 Jeder Satz enthält einen (in Klammern stehenden) falsch gebrauchten *faux-ami*. Streichen Sie ihn durch und ersetzen Sie ihn durch eines der im Kasten stehenden Wörter.

familiaux	itinéraire	un comprimé
d'imagination	boîte	budget
cinéphile	stagiaire	manifestation

a On ouvre une (dose) ______________ de raviolis ?
b Le poids du logement dans notre (état) ______________ est de plus en plus lourd.
c Il y a eu des (démonstrations) ______________ hier dans toutes les grandes villes de France.
d Il faut vraiment beaucoup (de fantaisie) ______________ pour écrire un tel roman !
e Je crois qu'il a des ennuis (familiers) ______________.
f Il est très (cinéaste) ______________, il connaît tous les films.
g Nous allons en Chine mais nous n'avons pas encore fixé notre (route) ______________.
h Notre entreprise recherche un (volontaire) ______________ pour une année.
i Le médecin m'a dit de prendre (une tablette) ______________ par jour.

le poids	das Gewicht
le logement	*hier* das Wohnen
l'ennui, *m*	*hier* das Problem
l'entreprise, *f*	der Betrieb

2 Fügen Sie die deutsche Entsprechung der in Übung 1 falsch verwendeten Wörter hinzu.

a une dose *eine Dosis*
b un état ______
c une démonstration ______
d la fantaisie ______
e familier/-ère ______
f un cinéaste ______
g une route ______
h une tablette ______
i un/-e volontaire ______

65 Aussprache: Stumme Endbuchstaben oder nicht?

Die meisten Endbuchstaben werden im Französischen nicht gesprochen. Eine einheitliche Regel gibt es aber nicht. Spricht man *août* [u] oder [ut] oder [aut] aus? Selbst die Franzosen sind sich da nicht immer einig.
Die „strenge" (puristische) *Académie française* schreibt die Aussprache [u] vor. Die meisten Franzosen kümmern sich aber wenig darum und sagen weiter [ut]. Die Aussprache [u] führt außerdem zu merkwürdigen Kombinationen, wie z. B. [ãnu], das sowohl *en août* (im August) als auch *en nous* (in uns) bedeuten kann. Das Wörterbuch *Le Petit Robert, Dictionnaire de la langue française* erlaubt dagegen beide Aussprachen: [u(t)].

1 Markieren Sie in jeder Reihe die Wörter, bei denen der Endbuchstabe gesprochen wird.

a arc – parc – tabac – trac – en vrac – caoutchouc
b persil – fusil – chenil – gentil – péril – outil
c blocus – tonus – talus – abus – obus – virus – intrus – bus
d enfer – danger – hiver – panier – désir – atelier – cher/ère – boulanger – fier/-ère
e trop – cap – beaucoup – drap – handicap

le trac	das Lampenfieber
en vrac	lose
le fusil	das Gewehr
le chenil	der Hundezwinger
le péril	die Gefahr
le talus	die Böschung
l'abus, *m*	der Missbrauch
l'intrus, *m*	der Eindringling
le drap	das Betttuch

2 Mit welchem Wort reimen sich die Wörter links? Kreuzen Sie an.

a	almanach	☐ tabac [taba]	☐ hamac ['amak]
b	pays	☐ ami [ami]	☐ abeille [abɛj]
c	bonsaï	☐ trahi [tʀai]	☐ travail [tʀavaj]
d	nerf	☐ cerf [sɛʀ]	☐ serf [sɛʀf]
e	des œufs	☐ heureux [øʀø]	☐ bœuf [bœf]

l'almanach, *m*	der Kalender
le hamac	die Hängematte
trahi/-e	verraten
le cerf	der Hirsch
le serf	der Leibeigene

66 *Mots croisés:* Kollokationen

In diesem Kreuzworträtsel geht es wieder einmal um privilegierte Verbindungen zwischen Verb und Substantiv (Kollokationen).

Tragen Sie das jeweils fehlende Verb aus dem Kasten in das Gitter ein.

mettre	annuler	prendre	attraper	regarder
suivre	atteindre	remplir	rédiger	savourer

**Ergänzen Sie jeweils das fehlende Verb in den Beispielen.
Tragen Sie es anschließend ins Gitter ein.**

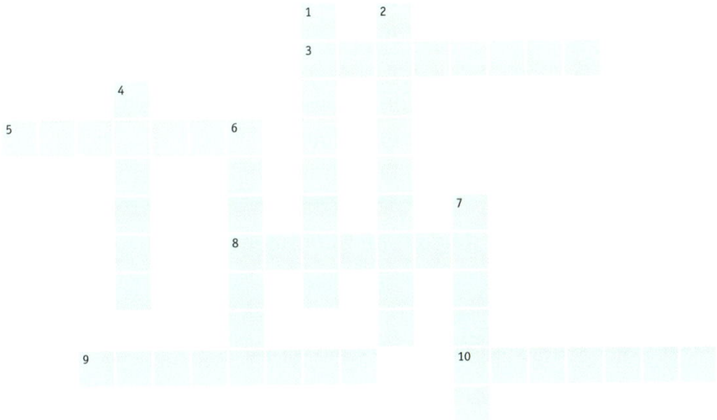

Horizontalement

3 Ne sors pas sans pull, tu vas ____________ un rhume.

5 N'oublie pas d'____________ ton rendez-vous chez le coiffeur.

8 Les voleurs ont réussi à ____________ la fuite.

9 Il passe son temps à ____________ la télé.

10 Je dois ____________ mon CV en deux langues.

Verticalement

1 J'ai dû partir tout de suite. Je n'ai pas eu le temps de ____________ ma victoire.

2 Nous devons définir avec précision les objectifs que nous voulons ____________.

4 Tu devrais ____________ son conseil. Il est très compétent.

6 Il faut ____________ ce questionnaire en trois exemplaires, S.V.P.

7 Pense à ____________ le réveil ? On doit se lever tôt demain.

67 Bild: Damit Sie sich ein genaues Bild machen können

Das Wort „Bild" hat im Französischen viele Entsprechungen. Der Kunstmaler malt *des tableaux*, der Photograph macht *des photos* und in der Filmbranche spricht man von *des images*. *Tableau* bedeutet aber auch „Schultafel" oder „Tabelle".

Wird „Bild" im Deutschen im übertragenen Sinn verwendet (so wie in der Überschrift), so sprechen die Franzosen von einer *idée*:

Ich möchte mir ein genaues Bild von diesem Problem machen. *J'aimerais me faire une idée précise de ce problème.*

Das aus dem Englischen stammende „Image" heißt übrigens auf Französisch *image de marque*.

Welches Wort passt hier? Ergänzen Sie die Übersetzung.

a Dieses Bild ist überbelichtet.
____________________ est surexposée.

b Dieser Fernseher hat ein sehr gutes Bild.
Ce téléviseur a ____________________.

c Ich möchte dieses Bild vergrößern lassen.
Je voudrais faire agrandir ____________________.

d Dieses Bild ist auf Leinen gemalt.
____________________ est peint sur toile.

e Dies hier ist ein Bild von meiner Hochzeit.
Celle-ci, c'est ____________________.

f 33,6 Millionen Dollar für ein Bild von Matisse!
33,6 millions de dollars pour ____________________ de Matisse !

g Er hat ein schlechtes Bild von unserer Stadt.
Il a ____________________ de notre ville.

h Von diesem Künstler kennt man nur zwei Bilder.
On ne connaît que ____________________ de cet artiste.

i Dieses berühmte Bild hängt im Unterlinden-Museum in Colmar.
_____________ est exposé au musée Unterlinden de Colmar.

j Ein Bild von Monet wurde beschädigt.
_____________ de Monet a été abîmé.

k Die Bilder in diesem Film sind wunderschön.
Dans ce film, il y a _____________.

l Dieser Skandal hat dem Image unseres Unternehmens sehr geschadet.
Ce scandale a beaucoup nui à _____________ de notre firme.

m Dieser Autor verwendet sehr banale Bilder.
Cet auteur utilise _____________.

n An der Wand hingen alte, vergilbte Bilder.
De _____________ jaunies étaient accrochées au mur.

o Es geht um das Image der Pariser Taxifahrer.
C'est _____________ des taxis parisiens qui est en jeu.

p Bilder erscheinen auf der interaktiven weißen Tafel.
Des _____________ apparaissent sur _____________.

68 Gehen: Wie soll denn das gehen?

Genauso wie *aller* nicht immer „gehen" entspricht (siehe Übung 78), entspricht das deutsche Verb „gehen" nicht immer *aller*.
Bei der folgenden Übersetzungsübung geht es um Wendungen, in denen „gehen" nicht mit *aller* wiedergegeben wird.
Zur Wiedergabe der mit „gehen" zusammengesetzten Verben wird oft ein völlig anderes Verb verwendet, wie z. B. im Satz: Meine Uhr geht vor.
Ma montre avance.

Übersetzen Sie ins Französische. Ergänzen Sie anschließend die Vokabelliste.

taper – retarder – partir – fonctionner – exagérer – s'en aller – continuer – sortir – marcher – faire – aller (2 ×) – durer – dépasser – suivre

a Wie geht es dir?
____

b Mein Computer geht nicht mehr.
____

c Meine Uhr geht nach.

____

d Gehen wir oder nehmen wir das Auto?

____

e Um wie viel Uhr ist sie gegangen?

____

f Also, ich gehe jetzt.

____

g Er geht zu weit, findest du nicht?

____

h Sie geht jeden Tag schwimmen.

____

i So geht es aber nicht weiter!

____

j Gehen wir heute Abend aus?

____

k Gehen wir spazieren?

____

l Der Film geht noch eine Stunde.

____

m Er ist diesmal zu weit gegangen.

____

n Die Sache geht ihren Gang.

____

o Er geht mir auf die Nerven.

____

_______________	nachgehen
_______________	zu Fuß gehen
_______________	weggehen
_______________	zu weit gehen
_______________	spazieren gehen
cette fois-ci	diesmal
_______________	zu weit gehen
_______________	seinen / ihren Gang gehen
_______________	auf die Nerven gehen

69 So: So oder so, da müssen Sie durch.

Im Folgenden geht es um zwei kleine deutsche Wörter, die mehreren Klassen angehören und deshalb im Französischen unterschiedlich wiedergegeben werden.
„So" heißt je nach Funktion z. B. *si*, *aussi*, *autant* und noch einiges mehr.
Dasselbe gilt für „wie", das mehrere Entsprechungen im Französischen hat.
Merken Sie sich auf jeden Fall eins: Im Vergleichssatz heißt „wie / als" immer *que*.
Üben Sie jetzt, solcher Kleinigkeiten Herr / Frau zu werden.

1 Übersetzen Sie. In einem Fall wird „so" nicht übersetzt.

a Er ist nicht **so** böse wie sein Vater.

____

b **So** ein schöner Film!

____

c Warum hat er **so** reagiert?

____

d Er ist **so** dumm, dass er es sofort glauben wird.

____

e Schrei nicht **so**! Ich bin nicht taub.

____

f Komme ich morgen nicht, **so** rufe ich dich an.

____

g Ich arbeite **so viel** wie du.

____

méchant/-e	böse
réagir	reagieren
bête	dumm
crier	schreien
sourd/-e	taub

2 Wie würden Sie „wie" in den folgenden Sätzen übersetzen? Kreuzen Sie an. In einem Fall wird es nicht übersetzt (Ø).

		comme	comment	combien	que	Ø
a	**Wie** geht es Ihnen?	☐	☐	☐	☐	☐
b	**Wie** Sie möchten.	☐	☐	☐	☐	☐
c	Ich sah, **wie** er sich entfernte.	☐	☐	☐	☐	☐
d	**Wie** hast du es gefunden?	☐	☐	☐	☐	☐
e	Er ist nicht so groß **wie** du.	☐	☐	☐	☐	☐
f	Er fragt, **wie** du das erfahren hast.	☐	☐	☐	☐	☐
g	Ich habe ihm gesagt, **wie** sehr er mich nervt.	☐	☐	☐	☐	☐

s'éloigner	sich entfernen
apprendre	erfahren
énerver	nerven

70 Zusammengesetzte Verben: Eine deutsche Spezialität

Wir haben den See umfahren. *Nous avons fait le tour du lac.*
Es ist nicht immer einfach, ein deutsches zusammengesetztes Verb ins Französische zu übertragen. In vielen Fällen muss das zusammengesetzte Verb mit einer französischen Periphrase (Umschreibung) wiedergegeben werden.

Übersetzen Sie. Nehmen Sie die im Kasten stehenden Wendungen zur Hilfe.

changer de place	fermer à clé	faire demi-tour
partir en courant	mettre à l'abri	lire en entier
passer la nuit	prendre sa source	faire la connaissance
réécrire	marcher en tête	continuer sa route
défaire ses valises	travailler sans interruption	passer l'aspirateur
respirer à fond		mettre la ceinture

a Wir sollten lieber umkehren.

b Du hast dich nicht angeschnallt.

c Wo kann ich mein Fahrrad unterstellen?

d Wir müssen den Text umschreiben.

e Ich habe bei Freunden übernachtet.

f Hast du die Tür abgeschlossen?

g Der Rhein entspringt in der Schweiz.

h Müssen wir den Text durchlesen?

i Er lief voran, wie immer.

j Wir sind dann weitergefahren.

k Er ist fortgerannt.

l Ich habe die Möbel im meinem Zimmer umgestellt.

m Wir haben die ganze Nacht durchgearbeitet.

n Ich habe ihn letzten Sommer kennengelernt.

o Atmen Sie durch.

p Ich komme runter, sobald ich ausgepackt habe.

q Ich sauge jeden Tag Staub.

la Suisse	die Schweiz
le meuble	das Möbelstück

71 Deutsche Wörter, die im Französischen keine Entsprechung haben

Einige deutsche Wörter können im Französischen nur ungenügend wiedergegeben werden. Ein bekanntes Beispiel dafür ist das Wort „gemütlich", das mit dem französischen *confortable* oder *agréable* nur unvollständig übersetzt wird, da beide Eigenschaftswörter die Nebenbedeutungen „geborgen + zufrieden" nicht enthalten.
Um solche Wörter geht es in der nächsten Übung. Wie gesagt, bei dem Versuch, sie ins Französische zu übertragen, geht meist ein Aspekt verloren.

Welche französische Entsprechung passt hier am besten? Übersetzen Sie die folgenden Sätze.

a **gemütlich** = confortable – agréable – à l'aise

1 Es ist ganz gemütlich hier auf der Couch.

____

2 Ich bin eigentlich ein ganz gemütlicher Mensch.

____

3 Machen Sie es sich gemütlich.

____

b **Heimat** = région natale – pays natal – terroir

1 Ich habe meine Heimat niemals vergessen.

____

2 Wir verkaufen nur Produkte aus der Heimat.

____

3 Meine Heimat, das ist ganz klar die Touraine.

____

c **gesellig** = liant/-e - sociable – convivial/-e

1 Wir laden Sie zu einem geselligen Abend ein.

____

2 Mein Bruder ist ein sehr geselliger Mensch.

____

3 Sie hat nicht viele Freunde: Sie ist nicht sehr gesellig.

____

d **Mensch** = homme – gens – êtres humains

1 Wurden bei der Menschenrechtserklärung in Frankreich die Frauen vergessen?

____

2 Es waren nicht viele Menschen da.

____

3 Wir müssen die Gefangenen wie Menschen behandeln.

____

e **Witz** = histoire drôle / blague - esprit - mot d'esprit

1 Er erzählt immer Witze, die ziemlich ordinär sind.

____

2 Er macht ständig Witze, es ist anstrengend.

____

3 Dieser Mann hat viel Witz.

____

le canapé	die Couch
en fait	eigentlich
bien sûr	ganz klar
inviter	einladen
la déclaration	die Erklärung
le prisonnier	der Gefangene
traiter	behandeln
vulgaire	ordinär

72 *Retourner* und *rentrer*: Nicht dasselbe!

Capri, c'est fini … Je ne crois pas que j'y retournerai un jour. So endet ein in den 60er Jahren in Frankreich sehr bekanntes Lied von Hervé Vilard: Eine Liebe ist zu Ende, dort, wo sie entstand, will er nie wieder hin.
Retourner hat die Bedeutung „wieder hingehen / zurückkehren". Es ist in dieser Bedeutung mit *revenir* austauschbar.
Rentrer in der Bedeutung von „zurückkommen" wird meist im Sinne von „nach Hause kommen" verwendet. Es hat niemals die Bedeutung „wieder hingehen".
Rentrer hat aber außerdem noch die Bedeutung „hineinbringen": *rentrer la voiture* das Auto in die Garage fahren.

1 *Rentrer* oder *retourner*? Ergänzen Sie die Sätze. Gleichen Sie die Verben an.

a Nous étions dans les Alpes, l'année dernière. J'aimerais bien y ___________.
b Il va geler. Je vais ___________ les plantes.
c Je ne suis jamais ___________ dans le village où je suis né.
d Si tu continues, je ___________ chez ma mère …
e Vous ___________ quand de vacances ?
f Anne n'est pas encore ___________. Je me demande où elle est.
g Je suis ___________ dans cette ville où j'avais été si heureux, mais j'ai été déçu.
h J'ai pris un taxi pour ___________.
i Elle ___________ à quelle heure hier soir ?
j Je n'aime pas ___________ deux fois au même endroit en vacances.

geler	gefrieren
déçu/-e	enttäuscht
au même endroit	an derselben Stelle

2 *Rentrer* oder *retourner*? Übersetzen Sie.

a Er ist müde von der Arbeit zurückgekommen.

b Er kommt tagsüber raus und geht abends ins Gefängnis zurück.

c Dein Vater ist immer noch nicht zurückgekommen.

d Ich habe meinen Regenschirm im Büro vergessen. Ich gehe wieder hin.

e Ich bin müde. Ich möchte nach Hause.

f Hast du meinen Koffer reingebracht?

g Wie seid ihr heimgekommen?

h Er darf endlich in seine Heimat zurückkehren.

i Ich war verzweifelt bei dem Gedanken, wieder ins Krankenhaus zu müssen.

j Er ist seit vier Tagen nicht nach Hause gekommen.

le jour	tagsüber
la prison	das Gefängnis
le parapluie	der Regenschirm
la valise	der Koffer
le pays natal	die Heimat
désespéré/-e	verzweifelt
à l'idée de	bei dem Gedanken

73 Präpositionen: „Mit“ und „in“

Mit dem Auto **in** Frankreich / ***En*** *voiture* ***en*** *France*
Wie Sie an diesem Beispiel sehen können, ist die Wahl der Präpositionen in beiden Sprachen oft unterschiedlich: Der französischen Präposition *en* entsprechen in unserem Beispiel zwei deutsche Präpositionen: „mit“ und „in“.

1 Übersetzen Sie. In keinem dieser Sätze wird „mit“ durch *avec* wiedergegeben. In einem Satz wird es sogar nicht übersetzt. Ergänzen Sie anschließend die Vokabelliste.

a Ich bin **mit** dem Bus gekommen.

____

b Schicke es doch **mit** der Post!

____

c Du kannst **mit** mir rechnen.

____

d **Mit** 17 Jahren hat er das Abitur gemacht.

____

e Er spricht immer **mit** leiser Stimme.

____

f Ich möchte ein Auto **mit** fünf Türen.

____

g Er hat es **mit** Absicht gemacht.

____

h Er kommt **mit** Verspätung.

____

envoyer	schicken
compter ___	rechnen mit
passer le bac	das Abitur machen
___ voix basse	mit leiser Stimme
la portière	die Autotür
exprès	mit Absicht
___ retard	mit Verspätung

2 Ergänzen Sie die französischen Präpositionen und verbinden Sie die Elemente rechts und links.

a	_____ ville	1	in der prallen Sonne
b	_____ lit	2	im Regen
c	_____ parenthèses	3	in der Sonne
d	_____ la pluie	4	in der Stadt
e	_____ l'avenir	5	im Nu
f	_____ soleil	6	beim Reingehen
g	_____ plein soleil	7	im Urlaub
h	_____ vacances	8	in Klammern
i	_____ un instant	9	in Zukunft
j	_____ entrant	10	im Bett

74 Synonyme: Keine Angst vor Übertreibungen

Wer eine Sprache beherrschen möchte, muss ihre Nuancen kennen. Übertreibungen (Hyperbolen) bringen Leben in Ihre Aussagen.

1 Wählen Sie das Wort aus dem Kasten, das eine größere Intensität der bereits gemachten Aussage ausdrückt, und ergänzen Sie anschließend die Vokabelliste.

avare	bouleversé	audacieux	excentrique
stupéfait	hilarante	insupportable	immense

a Ce bruit n'est pas désagréable, il est ________________.
b Ce n'est pas un grand pays, c'est un pays ________________.
c C'est un choix plus que courageux, c'est un choix ________________.
d Nous n'étions pas surpris par cette nouvelle, nous étions ________________.
e Elle s'habille de façon originale, je dirais même ________________.
f Il est un peu radin, voire même ________________.
g Ce film m'a vraiment ému, je dirais même qu'il m'a ________________.
h Il m'a raconté une histoire très drôle, une histoire ________________.

radin/-e	knauserig
émouvoir → ému	bewegen → bewegt
avare	____________
bouleversé/-e	____________
audacieux/-se	____________
stupéfait/-e	____________
hilarant/-e	____________
insupportable	____________

2 Gehen Sie nun den umgekehrten Weg und wählen Sie die abschwächende Aussage.

malhonnête	dur	réservé	mince
intelligent	beau	laid	fatigué

a Cet endroit est magnifique. → Cet endroit est très ____________, c'est vrai.
b Cet homme est cruel. → Il est ____________, mais pas cruel.
c Je suis exténué. → Je suis très ____________.
d C'est hideux. → C'est ____________.
e C'est criminel de dire ça. → C'est ____________ de dire ça.
f Cet enfant est vraiment génial. → Il est ____________, sans plus.
g Elle est un peu trop timide. → Je la trouve ____________, mais pas timide.
h Elle est jolie, mais trop maigre. → Elle est simplement ____________, je trouve.

malhonnête	unehrlich
cruel/-le	grausam
exténué/-e	erschöpft
hideux/-euse	scheußlich
timide	schüchtern
maigre	mager
sans plus	mehr nicht

75 Wortfamilien: *Un air de famille*

Wörter aus einer Familie haben denselben Stamm. In einigen Fällen jedoch sieht das abgeleitete Wort ziemlich anders aus als das „Stammwort". Machen Sie nun zwei Übungen zu diesem Thema.

1 Leiten Sie vom Verb das Substantiv ab und ergänzen Sie die Sätze.

a regarder Elle a un ________________ magnifique.
b succéder Nous devons encore régler les problèmes de ________________.
c espérer Je garde l'________________ de le revoir un jour.
d élire Connaît-on déjà les résultats des ________________ ?
e vaincre C'est la troisième ________________ de notre équipe.
f courir Tu participes à la ________________ à pied, dimanche ?
g partir A quelle heure a lieu le ________________ de la course ?
h payer Le ________________ des artisans a été différé.
i guérir Sa ________________ a été très longue.

succéder	nachfolgen
garder	behalten
élire	wählen
vaincre	siegen
l'équipe, *f*	die Mannschaft
courir	rennen
participer à	teilnehmen an
la course	das Rennen
l'artisan, *m*	der Handwerker
différer	verschieben
guérir	gesund werden

2 Machen Sie nun die umgekehrte Übung: Leiten Sie vom unterstrichenen Substantiv das Verb ab.

a La construction de cette cathédrale a duré plusieurs siècles. ← ________________
b Qui est le directeur de cet établissement ? ← ________________

c Il a perdu beaucoup de sang. ← ______

d Nous avons procédé à une opération de sauvetage. ← ______

e Tout le monde a peur de la mort. ← ______

f Je ne connais pas cette expression. ← ______

g Il n'a jamais la preuve de son innocence. ← ______

h Où se trouve la salle des ventes ? ← ______

i Quelle est ta date de naissance ? ← ______

j J'ai perdu le mode d'emploi de mon lecteur DVD. ← ______

le siècle	das Jahrhundert
le sang	das Blut
l'opération de sauvetage, *f*	die Rettungsaktion
tout le monde	jeder
l'expression, *f*	der Ausdruck
la preuve	der Beweis
la vente	der Verkauf
le mode d'emploi	die Bedienungsanleitung

76 Aussprache: *Gorilles dans la ville* [gɔʀij dɑ̃ la vil]

Die häufigste Schreibung für den Laut [j] wie in „Jahr“ ist *ll*: *la fille* [fij] (die Tochter). Es stimmt in fast allen Fällen, aber leider nur in fast allen. Die Ausnahmen können Sie in der ersten kurzen Übung selbst herausfinden.

1 Ordnen Sie die Wörter dem passenden Laut zu. Sprechen Sie dann die Wörter laut nach.

famille – ~~ville~~ – papillon – gentille – grille – mille – taille – pénicilline – tranquille – villa – distillerie – Marseille – Lille – millimètre – ~~gorille~~ – quille

[j] wie in „Jahr“	[l] wie in „laut“
gorille	*ville*
________	________
________	________
________	________
________	________
________	________
________	________
________	________

le papillon	der Schmetterling
gentille (feminine Form)	freundlich
la grille	das Gitter
mille	tausend
tranquille	ruhig
la distillerie	die Brennerei
la quille	der Kegel

Die zweithäufigste Schreibung von [j] ist *y*. Am Wortanfang und nach Vokalen wird *y* ebenfalls [j] ausgesprochen. Diese Regel gilt immer, abgesehen von ganz wenigen Ausnahmen. Um diese Ausnahmen geht es in der zweiten Übung.

2 **Finden Sie in der folgenden Wortliste die Wörter, in denen das *y* vor Vokal nicht [j], sondern [i] gesprochen wird. Sie können die Vokabelliste zu Hilfe nehmen.**

yaourt – yoga – paysan – payer – crayon – pays – aboyer – appuyer – abbaye – paysage – rayure

le yaourt [jauʀt]	der Joghurt
payer [peje]	bezahlen
le crayon [kʀejɔ̃]	der Stift
le pays [pei]	das Land
aboyer [abwaje]	bellen
appuyer [apɥije]	drücken
l'abbaye, *f* [abei]	die Abtei
le paysage [peizaʒ]	die Landschaft
la rayure [rejyʀ]	der Streifen

77 *Mots croisés*: Lateinische Wörter im Französischen

Damit Sie mit Ihrem Latein nicht am Ende sind ... Einige lateinische Wörter sind unverändert ins Französische übernommen worden. Einige davon gibt es ja auch im Deutschen.

Horizontalement

1 C'est le plus possible.
4 On y inscrit ses rendez-vous.
8 Utile quand on est soupçonné par la police d'un crime quelconque.
9 C'est un carnet dans lequel on note ce que l'on ne veut pas oublier.
10 On y colle souvent des photos, parfois aussi des timbres.

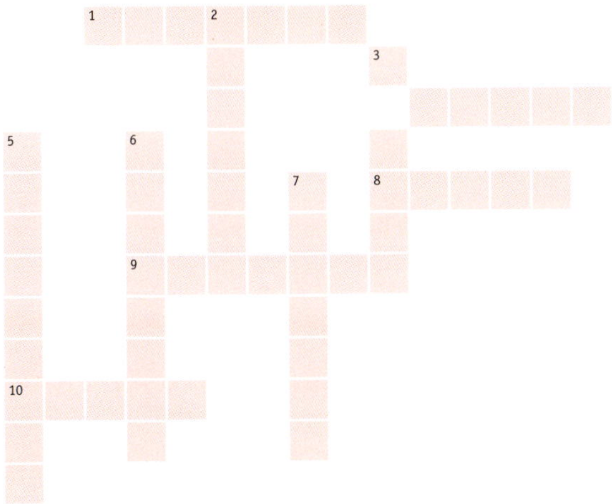

Verticalement

2 C'est une forme de travail temporaire.

3 Il se trouve dans la salle de bains. On s'y lave les mains.

5 C'est la copie d'un document important.

6 C'est la dernière station d'une ligne de bus, métro, tram etc.

7 C'est le contraire du 1 horizontalement.

78 Fahren: Die Situation ist ganz schön verfahren.

*On **va** en ville ? – Oui, mais c'est moi qui **conduis**.* **Fahren** wir in die Stadt? – Ja, aber ich **fahre.**

Spielt das Verkehrsmittel keine Rolle, so wird „fahren" in der Regel mit *aller* wiedergegeben.

Will man das Verkehrsmittel präzisieren, so hilft man sich mit Ergänzungen wie *en voiture* oder *en train* (mit dem Auto oder mit dem Zug fahren) oder *en avion* (fliegen).

„Fahren" in der Bedeutung von „ein Auto fahren / lenken" heißt *conduire* und ist mit *rouler* austauschbar, wenn die Art und Weise angegeben wird, z. B. *rouler vite* (schnell fahren) oder *rouler prudemment* (vorsichtig fahren).

„Fahren" in der Bedeutung „regelmäßig verkehren" wird mit *circuler* wiedergegeben, in der Bedeutung „wegfahren" mit *partir*.

Ergänzen Sie die Sätze mit der passenden Entsprechung von „fahren".

a Cet été, nous ______________ en Espagne.
b Pierre ______________ comme un fou, sur son vélo.
c Elle vient d'avoir son permis : elle ______________ depuis juste un mois.
d En Grande-Bretagne, on ______________ à gauche.
e A vélo parfois, je ______________ souvent sur les trottoirs.
f Je n'aime pas sa façon de ______________.
g Ce matin, les trains ______________ de nouveau.
h Je n'ai jamais ______________ de moto.
i A Lille et dans d'autres grandes villes françaises, les bus, métros et trams ne ______________ pas aujourd'hui.
j Quand ______________-vous en vacances ?
k Nous ______________ la semaine prochaine.
l Est-ce que ce bus ______________ à la gare ?
m J'aime beaucoup ______________.
n Sur les autoroutes françaises, on peut ______________ à 130 km / heure.

comme un fou	wie ein Wahnsinniger
le permis	*hier* der Führerschein
de nouveau	wieder

79 Gesund / ungesund: Achten Sie auf Ihre Gesundheit!

Ist der Mensch gesund, so ist er ***en bonne santé***, ist die Nahrung gesund, so ist sie ***saine***.
Das Gegenteil von *en bonne santé* heißt ***en mauvaise santé***, das Gegenteil von *sain/-e* ist *malsain/-e*.
Sain/-e und *malsain/-e* bedeuten „gut / schlecht für die Gesundheit" und werden oft im übertragenen Sinne verwendet: *une idée malsaine* ein morbider Gedanke.
Insalubre heißt gesundheitsschädlich: *des logements insalubres* sind gesundheitsschädliche Wohnungen.

1 Übersetzen Sie und notieren Sie die gegensätzliche Wendung.

	ein gesundes Klima	*un climat sain*	*malsain*
a	eine gesunde Wirtschaft	______	______
b	eine gesunde Katze	______	______
c	ein gesundes Wohnen	______	______
d	eine gesunde Ernährung	______	______
e	ein gesundes Kind	______	______
f	ein ungesunder Schlafraum	______	______

l'économie, *f*	die Wirtschaft
l'habitat, *m*	das Wohnen
l'alimentation, *f*	die Ernährung
le dortoir	der Schlafraum

2 Ergänzen Sie *sain/-e (malsain/-e)*, *en bonne (mauvaise) santé* oder *insalubre*.

a	une concurrence ______	eine gesunde Konkurrenz
b	une curiosité ______	eine ungesunde Neugier
c	des immeubles ______	verslumte Wohnhäuser
d	une influence ______	ein schlechter Einfluss
e	des dents ______	gesunde Zähne
f	un esprit ______	ein perverser Geist

g	une industrie ________________	eine gesundheitsschädigende Industrie
h	une personne ________________	ein gesunder Mensch
i	________________ et sauf	unversehrt

80 Polysemie: Aus eins mach mehr …

Und jetzt, für Ihre Sammlung, noch eine Reihe von Begriffen mit mehreren französischen Entsprechungen.

Welches Wort passt? Ergänzen Sie, gleichen Sie an und fügen Sie die jeweilige Übersetzung hinzu.

a **Flüchtling** = réfugié – fugitif
  1 La piste de ce ____________ a été perdue à l'aéroport de Bangkok.
  2 Sa demande de statut de ____________ politique a été refusée.

b **hören** = écouter – entendre
  1 Il a sonné trois fois mais je n'ai rien ____________.
  2 J'adore ____________ de la musique.

c **Grenze** = la limite – la frontière
  1 Il n'y a aucune ____________ d'âge pour jouer à la pétanque.
  2 Plus de 100.000 soldats sont massés le long de la ____________.

d **sehen** = regarder – voir
  1 J'ai ____________ la télé hier soir.
  2 J'ai vérifié à trois reprises, mais je n'ai rien ____________.

e **gewinnen** = gagner – obtenir
  1 Il a ____________ la médaille d'or aux Jeux Olympiques de 2000.
  2 J'ai joué mais je n'ai rien ____________.

f **hängen** = être attaché – être suspendu
  1 La lampe ____________ au-dessus du bureau.
  2 Il est très ____________ à sa mère.

g **Nagel** = clou – ongle

1 Je me suis cassé un ______________ en bricolant.

2 Il est très maladroit : il n'est même pas capable d'enfoncer un ______________.

h **brauchen** = mettre – avoir besoin

1 J'ai ______________ trois heures pour faire le trajet.

2 As-tu ______________ de la voiture demain ?

i **betrachten** = regarder – considérer

1 Je l'ai toujours ______________ comme un ami.

2 ______________ attentivement ce dessin et répondez aux questions.

la piste	die Spur
la demande	*hier* der Antrag
refuser	ablehnen
sonner	klingeln
masser	versammeln
à trois reprises	dreimal
se casser	sich brechen
en bricolant	beim Basteln
maladroit/-e	ungeschickt
enfoncer	einschlagen
le trajet	die Strecke

81 Problemwörter: Klein, aber fein ...

Folgende Wörter können Probleme bereiten, da sie im Deutschen in verschiedenen Kontexten auftreten können.
„Sehr“ z. B. heißt vor einem Adjektiv *très*, aber vor einem Verb *beaucoup*.
Das deutsche „wenn“ wird mit *quand*, aber in der Bedeutung von „falls“ mit *si* wiedergegeben. Bei der Präposition „vor“ müssen Sie unterscheiden, ob sie zeitlich oder räumlich verwendet wird. Lernen Sie in der nächsten Übung weitere Feinheiten kennen ...

Übersetzen Sie die Sätze und achten Sie besonders auf die Wiedergabe der fett gedruckten Wörter.

a **sehr** = très – beaucoup

1 Wir sind **sehr** froh, Ihre Bekanntschaft gemacht zu haben.

____

2 Ich habe ihn **sehr** gern.

____

b **wenn** = quand – si

1 **Wenn** es möglich ist, gehe ich mit.

____

2 Ruft an, **wenn** ihr angekommen seid.

____

c **vor** = avant – devant – il y a

1 Wir haben uns **vor** drei Jahren kennen gelernt.

____

2 Wir treffen uns um 20 Uhr **vor** dem Restaurant.

____

3 Ich bin **vor** dir weggegangen.

____

d **was** = qu'est-ce que – qu'est-ce qui – ce qui – ce que

1 **Was** ist los?

____

2 **Was** hast du gesagt?

____

3 Ich frage mich, **was** passiert ist.

____

4 Ich möchte wissen, **was** du davon hältst.

____

e **da** = là – comme

1 **Da** ich Kopfschmerzen hatte, bin ich nach Hause gegangen.

____

2 Wir können beginnen, alle Gäste sind **da**.

____

f **als** = en tant que – quand – que

1 Es dauerte viel länger **als** vorgesehen.

____

2 Sie war elf, **als** ihr Vater starb.

____

3 **Als** Chef dieser Abteilung kann ich das sehr wohl bestimmen.

____

faire la connaissance de quelqu'un	jemanden kennen lernen
se retrouver	sich treffen
se passer	geschehen / los sein
le mal à la tête	die Kopfschmerzen
l'invité/-e, *m/f*	der Gast
durer	dauern
prévu/-e	vorgesehen
le service	*hier* die Abteilung
décider	bestimmen

82 Polysemie: Aus eins mach mehr ...

Und jetzt wieder unser kleines Wörterquiz!

Mit welchem einzigen deutschen Wort könnten Sie die folgenden französischen Wörter oder Wendungen (in den Sätzen unterstrichen) wiedergeben?

La faim fait sortir le loup du bois. *Wald* ____
Nous avons fait une belle balade en forêt.

a une blessure grave
un exercice difficile ____
une valise lourde

b J'ai le nez qui coule.
Tout s'est bien passé. ____
À 10 mois, elle marche déjà.
J'ai couru pour être à l'heure.

c Ils vont bien ensemble.
Aucune idée. Je passe. ____
8 heures ? Cela vous convient ?

d Il gagne plus que moi. ____
Elle aurait mérité plus.

e Il ne travaille pas assez son piano.
Je dois m'entraîner plus souvent. ____
Je m'exerce tous les jours.

f Je lui passe un coup de fil.
M. Leblanc a téléphoné. ____
Je t'appelle demain, d'accord ?

g La clé est restée bloquée dans la serrure. ____
Nous avons visité les Châteaux de la Loire.

h A qui appartient ce manteau ?
Pierre fait partie de mes meilleurs élèves. ____
Il faut beaucoup de motivation pour faire ce travail.

i Il me suit partout, c'est énervant. ____
Ce chien n'obéit pas du tout.

j On se voit quand ?
Je l'ai rencontré hier par hasard au café. ____
On se retrouve où ?

le loup	der Wolf
la balade *(umgangssprachlich)*	der Spaziergang
la blessure	die Verletzung
être à l'heure	pünktlich sein
par hasard	zufällig

83 Nomen mit zwei Geschlechtern und Nomen im Plural

Tu viens ***cet*** *après-midi ? –* ***Cette*** *après-midi, peut-être.*
Französische Substantive sind entweder maskulin oder feminin und können im Singular oder im Plural stehen. Diese einfache Regel stimmt aber nur fast immer. In der folgenden Übung geht es um Substantive, die Anomalien aufweisen: Das Wort *après-midi* z. B. ist sowohl maskulin als auch feminin, die „Brille" als Gebrauchsgegenstand wird nur in der Mehrzahl (*les lunettes*) verwendet usw.

1 Männlich oder weiblich? Markieren Sie die richtige Alternative. In zwei Fällen sind sogar beide Alternativen möglich.

a Nous avons eu (un / une) automne très pluvieux.
b Les deux pays ont enfin signé (un / une) armistice.
c Sa voix est devenue plus grave, au moins (d'un / d'une) octave.
d Il s'est livré à (un / une) éloge enthousiaste de l'individualisme.
e Nous négligeons trop souvent notre hémisphère (droit / droite), siège de la créativité.
f Je n'ai pas pu voir (le dernier / la dernière) épisode de la série.
g Nous avons vu un immense calamar, aux (effrayants / effrayantes) tentacules.
h Cette ville est devenue (un / une) oasis de paix pour des milliers de personnes.
i (Ce / cette) pipeline, (long / longue) de 180 km risque de dénaturer le paysage.
j C'est (l'heureux / l'heureuse) épilogue d'une aventure longue de sept ans.
k Il m'a offert des chrysanthèmes (blancs / blanches). Je déteste ça.
l Ce cratère a été creusé par la chute (d'un / d'une) météorite.

pluvieux/-se	regnerisch
l'armistice, ___	der Waffenstillstand
l'éloge, ___	das Lob
négliger	vernachlässigen
le siège	der Sitz
___ tentacule	die Tentakel
risquer	*hier* drohen
creuser	bohren

2 Markieren Sie in den drei Reihen jeweils die Substantive, die nur im Plural verwendet werden.

a les obsèques – les fruits – les ciseaux – les épinards – les légumes – les frais
b les alentours – les archives – les noces – les fiançailles – les bagages – les parents
c les soupçons – les gens – les arrhes – les tripes – les mœurs – les honoraires

les obsèques, *f*	das Begräbnis
les fiançailles, *f*	die Verlobung
les soupçons, *m*	der Verdacht
les arrhes, *f*	die Anzahlung
les mœurs, *f*	die Sitten

84 Synonyme: Gleich und gleich ...

Den Originaltext des folgenden Leserbriefs aus einer französischen Frauenzeitschrift erhalten Sie, wenn Sie die unterstrichenen Wörter durch gleichbedeutende aus dem Kasten ersetzen und sie angleichen.

supporter	épuisé	problème	enfant
conseil	rendre visite	se comporter	craquer
époux	disputer	écouter	pouvoir
chez nous	paniquer	lit	désagréable

Notre lettre du mois

J'ai 28 ans et je vis avec mon mari / _________ depuis deux ans. D'un premier mariage / _________, mon mari a trois enfants qui viennent souvent nous voir / _________. Quand leur père est là, ils se conduisent / _________ bien, mais dès qu'il n'est pas là, les ennuis / _________ commencent. Ils deviennent méchants et insolents / _________. Ils ne m'obéissent / _________ plus et ne font que ce qu'ils veulent. Je n'ai aucune autorité / _________ sur eux. A la fin du week-end, je suis exténuée / _________. Mon mari, souvent absent, ne se rend pas compte de ce que j'endure / _________. Ne voyant pas souvent ses gamins / _________, il ne veut pas passer son temps à les réprimander / _________. Noël approche et ils vont venir passer quinze jours à la maison / _________. Je commence déjà à m'affoler / _________. J'ai peur de ne pas tenir le coup / _________. Qui peut m'aider, me donner quelques recommandations / _________ ?

venir voir quelqu'un	jemanden besuchen
se conduire	sich benehmen
dès que	sobald
l'ennui, *m*	*hier* das Problem
insolent/-e	unverschämt
obéir	gehorchen
exténué/-e	erschöpft
se rendre compte	merken
endurer	erdulden
le gamin *(umgangssprachlich)*	das Kind
réprimander	schimpfen
s'affoler	in Panik geraten
tenir le coup	aushalten
la recommandation	die Empfehlung

85 Paronyme: Zum Verwechseln ähnlich

*Une **effraction** est toujours une **infraction**.* (Einbruch / Vergehen)
Wieder geht es um Wörter, die aufgrund ihrer Ähnlichkeit oft verwechselt werden. Selbst einige Franzosen machen hier gelegentlich Fehler.

Welches Wort passt? Ergänzen Sie die Sätze und anschließend die Vokabelliste.

a éruption / irruption
  1 Deux personnes, le visage caché par une cagoule, ont fait ____________ dans la pièce.
  2 Ce film retrace les trois derniers jours de la célèbre ville romaine détruite en 79 avant J.-C. par ____________ du Vésuve.

b invoqué / évoqué
  1 Le professeur a ____________ la brutalité du langage, incompatible avec le respect.
  2 Un employeur ne peut licencier un salarié sans ____________ un « motif légitime ».

c effraction / infraction
  1 La porte de sa maison a été ouverte sans ____________ pendant son sommeil.
  2 La liste des ____________ est longue : double comptabilité, fausses factures, travail au noir etc.

d incident / accident
  1 Le nombre d'____________ de la route est en légère diminution.
  2 Un ____________ technique a été à l'origine de la panne d'électricité.

e affection / infection
  1 C'est un homme très sympathique. J'ai beaucoup d'____________ pour lui.
  2 Le risque d'____________ est grand dans les hôpitaux.

f enfantin / infantile
  1 Je fume partout où c'est interdit. C'est un comportement ____________ et régressif, je sais.
  2 Elle a une écriture encore très ____________.

caché/-e par une cagoule	maskiert
faire ___________	plötzlich eindringen
retracer	erzählen von
détruit/-e	zerstört
l'___________ **du Vésuve**	der Ausbruch des Vesuv
___________	erwähnen
l'employeur	der Arbeitgeber
licencier	entlassen
le salarié	der Arbeitnehmer
___________ **un motif**	einen Grund anführen
la double comptabilité	die doppelte Buchführung
la facture	die Rechnung
le travail au noir	die Schwarzarbeit
la diminution	das Abnehmen
être à l'origine de	die Ursache sein von
un comportement ___________	ein kindisches Benehmen
___________	kindlich

86 *Mots savants*: Schwierige Wörter im Französischen

Le chat est un animal domestique. Die Katze ist ein Haustier.
Ein deutsches Wort verrät, wie in unserem Beispiel, oft seine Bedeutung, während ein französisches „rätselhafter" erscheint, zumindest dem, der kein Latein oder Griechisch kann.
Wörter aus der Medizin liefern viele Beispiele für die sogenannten *mots savants*: Während der Arbeitsbereich des „Hals-Nasen-Ohrenarztes" leicht zu erraten ist, ist nicht jedem sofort klar, was ein *oto-rhino-laryngologiste* behandelt.

8

Welches der im Kasten stehenden Adjektive entspricht den unterstrichenen Substantiven / Wendungen? Ergänzen Sie wie im Beispiel. Tragen Sie anschließend die deutsche Übersetzung ein.

maturité	aquatique	balnéaire	rural
mélomane	pédestre	canine	carnivore
urbain	insipide	spatial	polygame
hebdomadaire	scolaire	équestre	médiéval

	l'air de la mer	= l'air *marin*	*die Meeresluft*
a	une randonnée à pied	= une randonnée ______	______
b	les vacances de l'école	= les vacances ______	______
c	la visite de la semaine	= la visite ______	______
d	un vaisseau de l'espace	= un vaisseau ______	______
e	une exposition de chiens	= une exposition ______	______
f	une ville de bains de mer	= une station ______	______
g	une cité du Moyen-Âge	= une cité ______	______
h	un plat sans saveur	= un plat ______	______
i	les sports pratiqués dans ou sur l'eau	= un sport ______	______
j	une randonnée à cheval	= une randonnée ______	______
k	l'habitat à la campagne	= l'habitat ______	______
l	il mange de la viande	= il est ______	______
m	il adore la musique	= il est ______	______
n	il n'est pas assez mûr	= il manque de ______	______
o	la population des villes	= la population ______	______
p	il a plusieurs épouses	= il est ______	______

la maturité	die Reife
le vaisseau	das Schiff
l'espace, *m*	*hier* der Weltraum
l'exposition, *f*	die Ausstellung
la cité	die Stadt
la saveur	der Geschmack
l'habitat, *m*	*hier* das Wohnen
l'épouse, *f*	die Gattin

87 Abkürzungen: *Parlez-vous le langage SMS ?*

Slt s v ? (Salut, ça va?)
In *textos*, auch *SMS* genannt, wird anders geschrieben als im Standardfranzösischen. In den folgenden Übungen lernen Sie einige der gebräuchlichsten Abkürzungen (Weglassen der Vokale) und Vereinfachungen (lautgetreue Schrift), derer sich diese „neue Sprache" bedient.
Diese Übungen sind als Spiel gedacht, vergessen Sie daher für einen Augenblick die französische Rechtschreibung. Die *texto*-Sprache beunruhigt manche Lehrer. Zu Recht?

1 Üben Sie zunächst einige Wörter der SMS-Sprache. Verbinden Sie die zusammenpassenden Wendungen.

a	2m1 →	bien	i	mat1	cadeau
b	bjr	bonjour	j	APro	énervé
c	6né	→ demain	k	danC	lundi
d	bi1	quoi	l	Kdo	toujours
e	GHT	décider	m	NRV	idée
f	7	cinéma	n	tjrs	matin
g	koi	j'ai acheté	o	l'1di	danser
h	D6D	cet / cette	p	ID	apéro (apéritif)

décider	entscheiden
énervé/-e	aufgeregt

2 Ergänzen Sie die jeweils fehlende Übersetzung.

LC tout — *Elle sait tout* .

a Tu vi1 2m1 o 6né ? — Tu viens demain au cinéma ?
b koi 2 9 ? – Ri1 — __________ .
c __________ . — Salut, à demain.
d __________ ? — Tu viens à l'apéro lundi ?
e G HT pl1 2 Kdo IR — __________ .
f __________ ? — Tu viens en train ou à vélo ?
g G D6D 2 kiT mon kop1 — __________ .

h	JSpR k tu va bi1	______________________.
i	______________________.	Il est toujours énervé.
j	______________________.	Je t'aime.
k	______________________.	J'ai un vélo neuf.
l	______________________.	A ta santé !
m	G bi1 dormi 7 nuit	______________________.
n	G H T 1 Aj1da.	______________________.

88 *Mots croisés*: Verb statt Umschreibung

Geht's bitte genauer? Durch welches Verb können Sie die unterstrichenen Wendungen ersetzen? Tragen Sie die Grundform des jeweiligen Verbs in das Gitter ein.

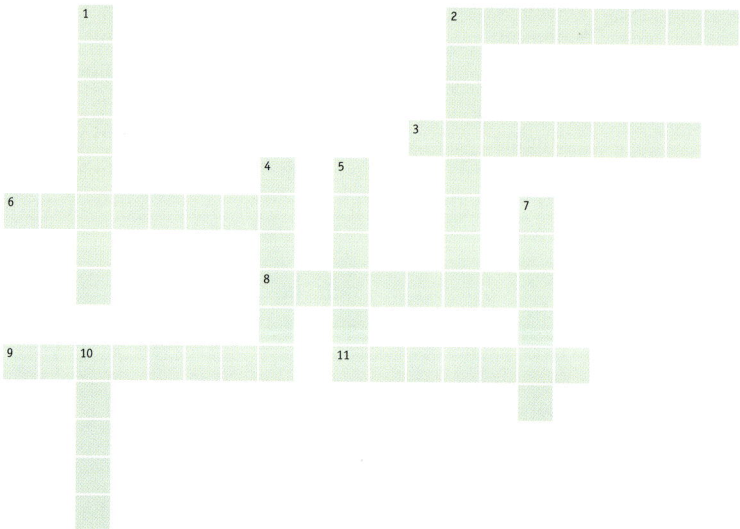

Horizontalement

2 Elle n'aime pas du tout l'école.
3 Elle ne dort pas profondément.
6 J'ai lu ce texte en diagonale seulement.
8 Elle parle à voix basse.
9 Les policiers ont fait partir les manifestants par la force.
11 Nous avons remis l'appartement à neuf.

Verticalement

1 L'avion s'est posé au sol en douceur.
2 L'avion a quitté le sol avec une heure de retard.
4 Ma grand-mère a travaillé dur toute sa vie.
5 Nous aimons énormément nos parents.
7 Il criait très fort.
10 Il m'a regardé longuement.

9

89 Groß: Kein großes Problem

Sie müssen nur daran denken, dass „groß“ nicht *gros* heißt, sondern *grand*, außer in der Wendung *les grosses voitures* (die großen Autos).
„Groß“ wird oft mit *très* oder auch eigenständigen Wendungen wiedergegeben, wie Sie in der nächsten Übung feststellen werden.

1 Wie wird „groß“ in den folgenden Sätzen wiedergegeben?

a	Ce pull est beaucoup trop ______.	Dieser Pulli ist zu **groß**.
b	J'ai ______ soif.	Ich habe einen **großen** Durst.
c	Tu ______ combien ?	Wie **groß** bist du?
d	Lui et son frère ont ______.	Er und sein Bruder sind gleich **groß**.
e	Elle écrit tout en ______.	Sie schreibt alles in **Groß**buchstaben.
f	Quand je serai ______ …	Wenn ich **groß** bin …
g	Je n'ai pas ______ envie d'y aller.	Ich habe keine **große** Lust, dahin zu gehen.
h	______ Dieu !	**Großer** Gott!
i	En ______ je suis d'accord avec toi.	Im **Großen** und Ganzen bin ich mit dir einverstanden.
j	Je me fais ______ soucis à son sujet.	Ich mache mir **große** Sorgen um ihn.
k	Il a tellement ______ !	Er ist ja so **groß** geworden!
l	Je n'aimerais pas habiter dans une ______ ville.	Ich möchte nicht in einer **Groß**stadt leben.

Grand wird im Deutschen ebenfalls unterschiedlich wiedergegeben. Machen Sie noch eine Übung dazu.

2 Wie wird *grand* in den folgenden Wendungen übersetzt? Markieren Sie anschließend die deutschen Entsprechungen für *grand*.

a Il est **grand temps**.

____

b Il n'y avait pas **grand monde**.

____

c Je suis contre les **grandes écoles**.

d C'est un film pour **grand public**.

e Il fait **grand jour**.

f Je n'ai pas acheté **grand chose**.

g Malgré son **grand âge**, il est encore très valide.

h Les **grandes personnes** sont trop sérieuses.

le temps	die Zeit
(le) monde	*hier* Leute
malgré	trotz
être valide	bei Kräften sein

90 Jahr: *Bonne Année !*

An und *année* werden beide mit „Jahr" übersetzt.
An wird meist bei präzisen Zeitangaben verwendet: *Elle a vingt-cinq ans.* Sie ist 25 Jahre alt.
Année betont mehr die Zeitdauer: *Quelle année épouvantable !* Was für ein schreckliches Jahr!
Diese Unterscheidung (punktuell ÷ andauernd) gilt ebenfalls für Tageszeiten, z. B. *jour / journée, soir / soirée* und *matin / matinée*:
Man begrüßt sich mit *bonjour* (guten Tag), verabschiedet sich aber mit *bonne journée* (einen schönen Tag noch).
Als Formel für „gute Nacht" gibt es nur *bonne nuit*.
Nuitée kennzeichnet die Nacht, die man in einem Hotel oder auf einem Campingplatz (gegen Bezahlung) verbringt.

9

Vervollständigen Sie die Übersetzung.

a Der Tag bricht an.
_______________ se lève.

b Wir haben einen wunderschönen Abend verbracht.
Nous avons passé _______________.

c Ich arbeite den ganzen Tag.
Je travaille _______________.

d Ein Bericht wird vor Ende des Jahres vorgelegt.
Un rapport sera présenté avant la fin _______________.

e Wir kommen in acht Tagen zurück.
Nous rentrons _______________.

f Was für ein Tag!
_______________ !

g Ich stehe jeden Morgen um 6 Uhr auf.
Je me lève _______________ à 6 heures.

h Was machst du heute Abend?
Qu'est-ce que tu fais _______________ ?

i Ich habe den ganzen Vormittag geschlafen.
J'ai dormi _______________.

j Er verbringt den Tag vor dem Fernseher.
Il passe ses _______________ devant la télé.

k Es regnet seit drei Tagen.
Il pleut _______________.

l Ich komme am Vormittag vorbei.
Je passerai dans _______________.

m Fernsehabend, heute Abend!
_______________, _______________.

n Gute Nacht, schlafen Sie gut!
Bonne _______________, dormez-bien.

Beachten Sie
Ce *soir* heißt „heute Abend" und ***le*** *soir* „abends". Ebenso: ***ce*** *matin* heute Morgen und ***le*** *matin* vormittags usw.

91 Lassen: Kein *laisser-faire* bei *laisser* und *faire*!

***Faites**-les entrer et **laissez**-moi faire !* Lassen Sie sie herein und lassen Sie mich machen!
Wieder geht es um eine Unterscheidung, die das Französische macht, das Deutsche aber nicht.

- In der Bedeutung von „zulassen, erlauben" wird „lassen" mit ***laisser*** wiedergegeben.
- In der Bedeutung von „jemanden veranlassen, etwas zu tun" wird es mit ***faire*** übersetzt.

***Laisser* oder *faire*? Setzen Sie eines der beiden Verben ein. Achten Sie auf die Verbform.**

a Tu devrais te ______________ pousser les cheveux.
b Je vais me ______________ faire une robe pour le mariage de mes amis.
c On se ______________ apporter une pizza ?
d Il a failli se ______________ écraser.
e ______________-moi réfléchir un peu.
f Je me suis ______________ mordre par un chien.
g ______________ faire, ______________ passer, c'est la devise du libéralisme.
h Ils n'ont ______________ entrer personne.
i N'insiste pas, ______________ tomber.
j Il se ______________ très facilement influencer.
k Attention, ne vous ______________ pas avoir.
l Ils ne m'ont pas ______________ finir ma phrase.
m ______________-moi passer, s'il vous plaît.
n Il ______________ pousser des fleurs sur son balcon.
o Nous allons ______________ traduire ce texte par un professionnel.
p Je te ______________ décider.

pousser	wachsen
écraser	überfahren
mordre	beißen
______________ **tomber**	aufgeben
influencer	beeinflussen
se ______________ avoir	sich hereinlegen lassen

92 Synonyme: *Affinités particulières*

In vielen Fällen sind Synonyme nicht austauschbar, weil sie aufgrund bestimmter Wahlverwandschaften lieber bei dem einen als bei dem anderen Wort stehen. Es handelt sich hier um sogenannte „Kollokationen", d. h. privilegierte Wortverbindungen.

1 Welche Übersetzung des deutschen Wortes passt hier? Markieren Sie die richtige(n) Lösung(en).

a fruchtbar → un sol (fructueux – fertile – fécond)
b heiß → une infusion (bien chaude - torride - brûlante)
c rau → un hiver (rude - rugueux - rigoureux)
d dunkel → une bière (ombre – brune – foncée)
e bequem → un fauteuil (pratique – commode – confortable)
f faul → un élève (douteux – paresseux – pourri)
g dicht → un brouillard (dense – épais – hermétique)
h hart → un matelas (dur – rude – rigoureux)
i bitter → une boisson (amère – douloureuse – pénible)
j hoch → un hôte (haut – élevé – important)

le sol	der Boden
l'infusion, *f*	der Kräutertee
le fauteuil	der Sessel
le brouillard	der Nebel
le matelas	die Matratze
l'hôte, *m/f*	der Gast

2 Beim Übersetzen der folgenden Sätze können Sie einige der nicht verwendeten Adjektive aus der vorigen Übung benutzen.

a Der Sommer war sehr heiß.

____

b Seine Bemühungen waren nicht sehr fruchtbar.

____

c Ich habe ganz raue Hände.

____

d Dieses Zimmer ist zu dunkel.

____

e Er wählt immer die bequemste Lösung.

____

f Sie haben mir faule Äpfel verkauft.

____

g Ist diese Dose wirklich dicht?

____

h Er spricht immer mit harter Stimme.

____

i Es war für mich eine bittere Erfahrung.

____

j Er ist ein hoher Staatsbeamter.

____

l'effort, *m*	die Bemühung
la solution	die Lösung
la boîte	die Dose
la voix	die Stimme
l'expérience, *f*	die Erfahrung
le fonctionnaire	der Beamte

93 *Mettre: « Mettre » se met à toutes les sauces.*

Mettre ist ebenfalls ein Verwandlungskünstler. Neben der gängigen Bedeutung „setzen, stellen, legen" hat *mettre* noch etliche andere Bedeutungen.

1 Übersetzen Sie und notieren Sie für jeden Satz die Bedeutung von *mettre*.

Je mets le lait dans le frigo. → *stellen … in*

a Je mets du lait dans mon café. → ______________

b Mets le livre sur la table, s'il te plaît. → ______________

c Mets un pull, il fait froid. → ____
d Qui a mis la télé ? → ____
e J'ai mis cinq minutes à faire cet exercice. → ____
f Je mets de l'argent de côté pour mes vacances. → ____
g Tu peux mettre la table, s'il te plaît ? → ____
h Je mets de l'ordre dans mes affaires. → ____
i Je peux mettre ce vieux pull à la poubelle ? → ____
j On ne sait pas qui a mis le feu. → ____
k On le met où, ce tableau ? → ____
l J'ai mis la voiture au garage. → ____
m Il n'a pas mis son nom sur la porte. → ____

de côté	auf die Seite
les affaires, *f pl*	die Sachen
la poubelle	der Mülleimer
le tableau	das Bild

2 Übersetzen Sie die folgenden Sätze und verwenden Sie, wenn möglich, das Verb *mettre*. Bei zwei Sätzen ist es nicht möglich.

a Was ziehst du heute Abend an?

____

b Er legte seine Hand auf meine Schulter.

____

c Wer hat das Radio angemacht?

d Ich habe den Brief schon eingeworfen.

e Wir haben die Couch mitten ins Zimmer gestellt.

f Setz dich, bitte.

g Ich bringe die Kinder ins Bett.

h Er hat keine Bedingung gestellt.

i Wir haben sieben Stunden gebraucht, um 400 km zu fahren.

j Warum hast du mein altes Hemd in den Mülleimer geworfen?

k Es gelingt keinem, in dieser Sache Ordnung zu schaffen.

l Wir legen jeden Monat dreihundert Euro für unsere Rente zur Seite.

m Er hat viel Zeit gebraucht, um es zu merken.

ce soir	heute Abend
l'épaule, *f*	die Schulter
la lettre	der Brief
le canapé	die Couch
la condition	die Bedingung
la chemise	das Hemd
la retraite	die Rente
remarquer	(be)merken

94 Synonyme: Kleine Stilkunde

Hier geht es wieder um die Unterscheidung zwischen den beiden Sprachniveaus *français standard* und *français familier* (siehe auch Übung 63). Wohlgemerkt: Kein Register ist falsch, wichtig ist aber, das richtige Register für die passende Situation oder Person zu wählen.

1 In den folgenden Minidialogen unterhalten sich zwei Personen, die nicht dasselbe Sprachregister benutzen. Welche Sätze passen zusammen? Verbinden Sie. Markieren Sie anschließend die umgangssprachlichen Wendungen.

a J'ai perdu mes clés.
b J'ai travaillé toute la journée.
c Je suis très fatigué ce soir.
d On va finir pas s'engueuler.
e J'ai perdu tout mon fric.

f Il est sympathique, Marc ?
g Il est tard, je vais au lit.

h Tu es parti à quelle heure ?
i Il a échoué à son examen ?
j Anne a été renvoyée.
k Tu t'es ennuyé hier soir ?

l A qui est cette baraque ?

m Ça ne marche toujours pas ?

n C'est quoi ce canard ?
o Pourquoi tu gueules comme ça ?

p Il travaille dans quel bahut ?
q Vous voulez des enfants ?
r Où trouves-tu tes vêtements ?

1 Je me suis tiré vers cinq heures.
2 Oui, il est sympa.
3 C'est la maison des mes parents.
4 Le Journal du Dimanche.
5 Mes fringues, je les achète aux puces.
6 Tu les as paumées où ?
7 Ce sera pas la première fois qu'on se dispute.
8 Oui, je me suis un peu embêté.
9 Moi aussi, j'ai énormément bossé.
10 Non, on veut pas de gosses.
11 Il est professeur au lycée Montaigne.
12 C'est pas normal, tu es tout le temps crevé.
13 Tu vas au pieu à dix heures du soir ?
14 Je crie parce que je suis énervé.
15 Tu veux que je te prête de l'argent ?
16 Ah bon, elle a été virée ?
17 Oui, il a été collé à l'oral.
18 Non, il y a encore quelque chose qui cloche.

2 Ergänzen Sie nun die Vokabelliste.

perdre = *paumer*	verlieren
très fatigué/-e = ____________	erschöpft
s'engueuler = ____________	sich streiten
le fric = ____________	das Geld
le lit = ____________	das Bett
partir = ____________	weggehen
échouer = ____________	durchfallen
renvoyer = ____________	entlassen
s'ennuyer = ____________	sich langweilen
la baraque = ____________	das Haus
ne pas marcher = ____________	nicht funktionieren
le canard = ____________	die Zeitung
gueuler = ____________	schreien
le bahut = ____________	das Gymnasium
l'enfant, *m* **=** ____________	das Kind
les vêtements, *m pl* **=** ____________	die Kleider

95 Übertreibungen: Ist das noch steigerungsfähig?

In dieser Übung geht es um Wörter, die verschiedene Intensitätsgrade ausdrücken.

Ordnen Sie die folgenden Wörter nach dem graduellen Unterschied (Zahl von 1 bis 3 eintragen) und setzen Sie anschließend das passende Wort ein. Denken Sie daran, die Wörter anzugleichen.

a feucht → sehr nass: ☐ humide ☐ trempé ☐ mouillé
Il pleuvait très fort. Nous sommes rentrés complètement ____________ de notre promenade.

b eiskalt → frisch: ☐ frais ☐ glacial ☐ froid
Moins 15 degrés et il y a un vent ____________ !

c lang → kurz: ☐ un tour ☐ un voyage ☐ un circuit
Nous ne sommes pas sortis longtemps. Nous avons juste fait ____________ dans le quartier.

d scheu → ängstlich: ☐ angoissé ☐ peureux ☐ craintif
Elle dort mal parce qu'elle est ____________.

e ordentlich → pingelig: ☐ ordonné ☐ maniaque ☐ méticuleux
Ma mère n'était pas méticuleuse, elle était terriblement ____________.

f flüchtig → aufmerksam: ☐ voir ☐ apercevoir ☐ regarder
Tout s'est passé très vite. Je n'ai pas vu le voleur, je l'ai juste ____________.

g Feinschmecker → Vielfraß: ☐ gourmand ☐ gourmet ☐ glouton
Il ne mange pas beaucoup, c'est un vrai ____________.

h müde → erschöpft: ☐ fatigué ☐ las ☐ épuisé
J'étais ____________ après cette marche interminable.

i mollig → dickleibig: ☐ obèse ☐ potelé ☐ gros
Il pèse plus de 120 kilos, il est vraiment ____________.

j sparsam → gierig: ☐ avare ☐ cupide ☐ économe
Elle est peut-être avare, mais pas ____________.

k verzweifelt → zuversichtlich: ☐ confiant ☐ désespéré ☐ soucieux
Je ne m'inquiète pas pour lui, il est d'un naturel plutôt ____________.

l winseln → schluchzen: ☐ pleurer ☐ sangloter ☐ pleurnicher
Elle m'énerve à ____________ comme ça, sans arrêt. C'est du cinéma.

m schwach → hervorragend: ☐ moyen ☐ excellent ☐ faible
Les résultats sont trop ____________, cet élève doit redoubler.

méticuleux/-se	sorgfältig
le voleur	der Dieb
la marche	der Marsch
interminable	endlos
s'inquiéter	sich sorgen
comme ça	so
sans arrêt	ununterbrochen
c'est du cinéma	das ist nur Theater
redoubler	sitzen bleiben

96 Kollokationen: Verbindungen mit Substantiven

Es gibt unzählige Kollokationen (feste Verbindungen zwischen Wörtern). In einer früheren Übung (Übung 31) ging es um die Verbindung Verb + Adjektiv, das sich wie ein Adverb verhält. In den folgenden Übungen trainieren Sie Kollokationen zwischen Verb und Substantiv sowie Substantiv und Adjektiv.

1 Verbinden Sie die Elemente rechts und links zu sinnvollen Wendungen. Tragen Sie anschließend die deutsche Übersetzung ein.

a	accorder	une loi	eine Genehmigung ______
b	apporter	une réservation	einen Beweis ______
c	annuler	la curiosité	eine Reservierung ______
d	caresser	un dossier	eine Hoffnung ______
e	causer	une autorisation	Besorgnis ______
f	promulquer	des larmes	ein Gesetz ______
g	livrer	un espoir	eine Schlacht ______
h	déposer	bataille	einen Antrag ______
i	exciter	de l'inquiétude	die Neugierde ______
j	verser	une preuve	Tränen ______

2 Ergänzen Sie in den folgenden Sätzen das jeweils fehlende Adjektiv. Gleichen Sie es, wenn nötig, an.

équilibré	dînatoire	invétéré	chaleureux	fou
écologique	mensonger	draconien	déchirant	vit

a Nous sommes invités demain à un apéritif ______.
b Ils nous ont reservé un accueil très ______.
c Les adieux furent ______.
d Entre elle et lui, c'est l'amour ______.
e J'aime les pastels, pas les couleurs ______.
f Personne ne peut dire quel sera l'impact ______ de cette mesure.
g Je ne sais quoi répondre à toutes ces accusations ______.
h Mon père était un buveur ______.
i Veillez à avoir une alimentation ______.
j Nous devrons prendre des mesures ______ pour enrayer ce phénomène.

réserver un accueil	empfangen
les adieux, *m pl*	der Abschied
l'impact, *m*	die Tragweite
la mesure	die Maßnahme
l'accusation, *f*	die Anschuldigung
le buveur	der Trinker
veiller à	achten auf
enrayer	stoppen

97 *Sigles*: Nicht nur Buchstabensalat

Französische Zeitungen zu lesen oder Nachrichten zu hören, kann sich als schwieriges Unterfangen erweisen, wenn man *sigles* und Abkürzungen nicht kennt. Deshalb hier einige Beispiele von sehr gebräuchlichen *sigles*.

1 Können Sie die folgenden Überschriften aus der französichen Presse verstehen? Wenn nicht, können Sie die nächste Übung zu Hilfe nehmen.

Possibilité de rachat des **RTT** par l'employeur

19 000 **HLM** vacants début 2018

Le **SMIC** et le **RMI** ne seront pas augmentés

CDD ou **CDI** remplacés par des **CNE** ?

Un salarié en **CDD** ou en **CNE** peut-il faire grève ?

SNCF et **RATP**:
Grèves annoncées pour la semaine prochaine.

le rachat	der Rückkauf
l'employeur	der Arbeitgeber
vacant/-e	frei / leerstehend
augmenter	*hier* erhöhen
remplacer	ersetzen
le salarié	der Arbeitnehmer
faire grève	streiken
annoncer	ankündigen

2 Verbinden Sie das *sigle* und seine vollständige Form. Tragen Sie anschließend die deutsche Entsprechung ein.

a	HLM	1	salaire minimum interprofessionnel de croissance	______
b	CDD	2	contrat nouvelle embauche	______
c	RMI	3	Régie autonome des transports parisiens	______
d	CDI	4	habitation à loyer modéré	______
e	RTT	5	contrat à durée indéterminée	______
f	CNE	6	contrat à durée déterminée	______
g	SMIC	7	Société nationale des Chemins de fer français	______
h	SNCF	8	revenu minimum d'insertion	______
i	RATP	9	réduction du temps de travail	______

la croissance	das Wachstum
le contrat	der Vertrag
l'embauche, *f*	die Einstellung
les transports	die Verkehrsmittel
le loyer	die Miete
le chemin de fer	die Eisenbahn
le revenu	das Einkommen
l'insertion, *f*	die Eingliederung
la réduction	die Kürzung

98 Homophone: [mɔ̃fʀɛʀemasœʀ]

Mon frère et ma sœur oder *Mon frère est masseur ?*
Dieser Satz klingt im Französischen wie ein Wortspiel, das mit der lautlichen Gleichheit zwischen *masseur* (Masseur) und *ma sœur* (meine Schwester) spielt. Der Hörer zögert kurz, denkt über die Bedeutung des Satzes nach und schließt dann die absurde Bedeutung aus.

Welches Wort passt? Ergänzen Sie anschließend die Vokabelliste.

a [ku] → coup – coût – cou
1 Nous devons revoir notre calcul des ______________.
2 Il est mort sur le ______________.
3 J'ai parfois envie de lui tordre le ______________.

b [kɔ̃t] → comte – conte – compte
1 Les bons ______________ font les bons amis.
2 Les ______________ de Perrault n'ont pas été écrits pour les enfants.
3 Devenez ______________ ! Achetez un blason et un titre de noblesse certifiés par un notaire.

c [sɛ̃] → sain – sein – saint
1 Elle prenait un bain de soleil, les ______________ nus.
2 Il faut créer un monde plus ______________ et plus propre pour tous.
3 Nous mangeons des coquilles ______________-Jacques au réveillon, cette année.

d [su] → sous – sou – saoûl
1 Je suis complètement fauché. Je n'ai plus un ______________.
2 Quand il est ______________, il est insupportable.
3 Le chien est couché ______________ la table.

e [pɔʀ] → port – porc – pore
1 Les importations de viande de ______________ en provenance de Grande-Bretagne sont interdites.
2 Nous avions une chambre avec vue sur le vieux ______________.
3 Elle sue l'hypocrisie par tous les ______________ de sa peau.

revoir	*hier* prüfen
le calcul des ___________	die Kostenrechnung
sur le ___________	sofort
tordre le ___________	den Hals umdrehen
le ___________	die Rechnung
le ___________	das Märchen
le ___________	der Graf
le blason	das Wappen
le titre de noblesse	der Adelstitel
certifié/-e	beglaubigt
les ___________ **nus**	oben ohne
la coquille ___________ **-Jacques**	die Jakobsmuschel
le réveillon	Weihnachts-/ Sylvesterfeier
être fauché/-e	pleite sein
___________ **/-e**	betrunken
le ___________	das Schweinefleisch
le ___________	der Hafen
suer	schwitzen
l'hypocrisie, *f*	die Heuchelei
le ___________	die Pore

99 *Mots croisés: Un mot français* → mehrere deutsche Wörter

Es geht hier wieder um französische Wörter, die unterschiedliche Bedeutungen haben können und aus diesem Grund im Deutschen verschiedene Entsprechungen haben. Tragen Sie das gesuchte Wort in das Gitter ein.

9

Horizontalement

3 C'est un poisson de mer. / Endroit dans un café où l'on consomme debout.

7 On peut y mettre des fleurs par exemple. / C'est aussi un bateau qui peut transporter des voitures.

9 Au pied, elle fait souffrir. / Si votre lampe ne marche pas, il faut peut-être la changer.

10 Qualifie une personne maladroite. / C'est aussi le contraire de la droite.

11 Les insectes en possèdent tous. / Elles sont de plus en plus souvent paraboliques.

Verticalement

1 Il est en général en liège et sert à boucher les bouteilles. / Très désagréable quand on le rencontre sur la route.

2 Il passe trop vite, surtout en vacances. / Il peut être beau, mauvais, changeant etc.

4 On connaît l'aigu, le grave et le circonflexe. / Prononciation qui ne correspond pas tout à fait à la norme.

5 C'est de l'eau congelée. / L'italienne est la meilleure.

6 Qualifie un aliment qui n'est pas cuit. / C'est un vin issu d'un terroir précis.

8 C'est un oiseau nocturne. / Exclamation qui exprime l'enthousiasme.

100 Halb: Hier dürfen Sie mal halbe Sachen machen!

„Halb" (als Maß) wird mit ***demi*** wiedergegeben. Vor dem mit Bindestrich angeschlossenen Substantiv ist *demi* unveränderlich: *une demi-tasse de lait* eine halbe Tasse Milch.
„Eineinhalb" bzw. „anderthalb" heißt *et demi/-e*. *Demi* steht dabei immer im Singular und richtet sich nur nach dem Genus des Substantivs: *un paquet et demi* (anderthalb Päckchen), aber *une heure et demie* (anderthalb Stunden).
Mi ist die Kurzform von *demi*: *à mi-chemin* auf halbem Weg.
Moitié entspricht dem deutschen Wort „Hälfte", wird jedoch in einigen Wendungen für „halb" verwendet: *La porte était à moitié ouverte.* Die Tür stand halb offen.

!!! Wenn Sie in einem Lokal *un demi* bestellen, erhalten Sie leider nur einen Viertel Liter Bier, aber vom Fass.

1 *Demi, mi* oder *moitié*? Ergänzen Sie die Wendungen und verbinden Sie dann die französische mit der jeweils passenden deutschen Wendung.

a du lait ______-écrémé
b à ______ nu
c midi et ______
d à ______-hauteur
e la ______-lune
f la ______-finale
g à ______ prix
h des cheveux ______-longs
i un ______-dieu
j faire ______-______
k ______-sommeil
l à ______ plein
m ______-figue ______-raisin
n un emploi à ______-temps

1 halb voll
2 weder Fisch noch Fleisch
3 auf halber Höhe
4 halbe-halbe machen
5 Halbgott
6 Halbschlaf
7 halb eins
8 halbfette Milch
9 halblanges Haar
10 Halbmond
11 Halbfinale
12 halbnackt
13 eine Halbtagsbeschäftigung
14 zum halben Preis

2 Übersetzen Sie die folgenden Wendungen ins Deutsche. Sie enthalten alle das Wort „halb“.

a la presqu’île ____________
b six mois ____________
c quinze jours ____________
d une revue semestrielle ____________
e à peu près ____________
f l’hémisphère sud ____________

101 Ruhig: Bleiben Sie ganz ruhig!

Für das deutsche Wort „ruhig“ stehen ***calme*** und ***tranquille*** zur Verfügung. *Calme* bedeutet „ruhig“ im Sinne von „nicht bewegt, nicht aufgeregt, nicht laut“, während *tranquille* den Bedeutungsaspekt „bewegungslos, unbesorgt“ hat. Aufgrund dieser Bedeutungsunterschiede sind beide Wörter nicht in jedem Kontext austauschbar.
Calme ist gleichzeitig Substantiv: *le calme*, *tranquille* dagegen kann nur als Adjektiv verwendet werden.

Setzen Sie *calme* oder *tranquille* ein.

a La mer est très ____________ aujourd’hui.
b Je n’arrive pas à garder mon ____________.
c Tu peux dormir ____________, je m’occupe de tout.
d J’habite dans le quartier le plus ____________ de la ville.
e C’est le ____________ avant la tempête.
f Laisse-moi ____________ !
g J’ai besoin de ____________ pour travailler.
h Cet enfant ne peut pas rester ____________ cinq minutes.
i Je n’ai pas l’esprit ____________ : son silence m’inquiète.
j Je cherche un coin ____________ pour passer mes vacances au ____________.
k Ils sont très différents : il est très nerveux, elle est très ____________.
l Moi, j’aimerais simplement qu’on me laisse ____________.
m Ton père a l’air très ____________.
n J’ai la conscience ____________, je n’ai rien à me reprocher.
o La nuit de la Saint-Sylvestre a été relativement ____________.

p Il avait une voix grave, lente et ____________.
q Connaissez-vous le film « La vie est un long fleuve ____________ » ?
r La Mauritanie est un pays ____________ dont on entend peu parler.

garder	bewahren
s'occuper de	sich kümmern um
la tempête	der Sturm
le silence	*hier* das Schweigen
le coin	die Ecke
la conscience	das Gewissen
une voix grave	eine tiefe Stimme
le fleuve	der Fluss
dont	*hier* von dem

102 Adverbien: Unerwünscht

Wir hätten den Zug **beinahe** verpasst. *Nous **avons failli** rater le train.*
Zur Wiedergabe einiger gebräuchlicher deutscher Adverbien bevorzugt das Französische einen verbalen Ausdruck. Hier finden Sie die wichtigsten dieser Wendungen.

Übersetzen Sie mit Hilfe der im Kasten stehenden Ausdrücke. Das zu ersetzende Adverb ist jeweils fett gedruckt.

faillir	être en train de	estimer à	commencer à
préférer	il m'arrive de	espérer que	finir par
continuer à	finir	être sur le point de	faire mieux de
devoir	aimer	il est évident que	venir de
aller	se remettre à		

a Ich wandere **gern**.

____

b Ich habe **schließlich** alles mitgenommen.

____

c Ich hätte **beinahe** vergessen, dass du heute Geburtstag hast.

d **Hoffentlich** kannst du an Weihnachten kommen.

e **Langsam** verstehe ich, dass er es nicht wirklich will.

f Ich habe **weiter** gegessen.

g Ich bleibe heute **lieber** zu Hause.

h Er hat **offensichtlich** Recht.

i Ich nehme **gelegentlich** das Auto, um zur Arbeit zu fahren.

j Ich wollte **gerade** gehen.

k Ich habe meine Brieftasche **vermutlich** im Zug verloren.

l Ich war **gerade** beim Essen, als sie gekommen sind.

m Ich sollte **besser** nicht antworten.

n Ich habe mich danach **wieder** an die Arbeit gemacht.

o Ich habe **gerade** das Haus verlassen.

p Es kamen **schätzungsweise** 3 000 Demonstranten.

q Es regnet **gleich**.

r Es ist alles **vorbei**.

emporter	mitnehmen
oublier	vergessen
avoir raison	Recht haben
le portefeuille	die Brieftasche
le / la manifestant/-e	der / die Demonstrant/-in

103 Polysemie: *Un mot français* → mehrere deutsche Wörter

Les miroirs feraient bien de réfléchir un peu plus avant de renvoyer les images.
Jean Cocteau (1889 – 1963)
Dieses Bonmot spielt auf die Doppeldeutigkeit des französischen Verbs *réfléchir* an, das sowohl „widerspiegeln" als auch „nachdenken" bedeuten kann und daher mehrere Ensprechungen im Deutschen hat.

Übersetzen Sie. Das fett gedruckte Wort wird in jeder Serie mit demselben französischen Wort wiedergegeben.

a Kennen Sie die Nord**küste** der Bretagne?

Ich mag keine **Steigungen** mit dem Fahrrad.

Er hat sich eine **Rippe** gebrochen, als er auf der Treppe gestürzt ist.

b Aus welchem **Grund** hat er das gemacht?

Er will immer **recht** haben.

Es war keine Heirat aus Liebe, sondern aus **Vernunft**.

c Es war seine erste Rede vor der Abgeordneten**kammer**.

Pierre ist in seinem **Zimmer**. Ich glaube, er schläft.

d Ich erinnere mich nicht mehr an die **Melodie** dieses Chansons.

Die **Meeresluft** hat ihm sehr gut getan.

e Er ist immer bereit, seine **Ärmel** hochzukrempeln.

Du hast die erste **Runde** gewonnen, aber nicht das ganze Spiel.

f Einige Kinderzeichnungen waren an der Wand mit **Reißzwecken** festgemacht.

Ich glaube, dass im Bett **Wanzen** waren.

g Ich habe keine **Zeit**, heute Abend zu kommen.

Wir sind wegen des schlechten **Wetters** zu Hause geblieben.

h Setzen Sie die folgenden Verben in den Indikativ **Präsens.**

Erlauben Sie mir, Ihnen dieses bescheidene **Geschenk** zu überreichen.

i Lass die Katze nicht rein, sie ist voller **Flöhe.**

Die **Chipkarte** ist heute überall gegenwärtig.

tomber dans l'escalier	auf der Treppe stürzen
le discours	die Rede
faire du bien	gut tun
retrousser	hochkrempeln
la partie	das Spiel
le dessin d'enfant	die Kinderzeichnung
à cause de	wegen
offrir	überreichen
présent/-e partout	überall gegenwärtig

104 Synonyme: Feine Nuancen

Wieder geht es um Wörter, die in verschiedenen Kontexten verwendet werden können. In jedem Kontext haben sie aber ein anderes Synonym:
Nous cherchons un homme fort. → costaud
Il parlait très fort. → à voix haute

Welches Synonym passt im jeweiligen Kontext? Wählen Sie aus und gleichen Sie das Adjektiv an.

a **difficile** = pénible – exigeant – compliqué
1 C'est un travail très difficile / ________________.
2 C'est un livre difficile / ________________.
3 C'est un homme difficile / ________________.

b **commun** = courant – collectif – semblable
1 Ma sœur et moi, nous avons beaucoup de goûts communs / ________________.
2 La politique agricole commune / ________________ est de plus en plus contestée.
3 Marie est un prénom très commun / ________________ en France.

c **juste** = légitime – précis – étroit – équitable – exact
1 Le jeu des acteurs est très juste / ________________.
2 Les scénaristes réclament des droits d'auteurs plus justes / ________________.
3 Les revendications des cheminots sont justes / ________________.
4 Ce pantalon est un peu juste / ________________.
5 Tous mes calculs sont justes / ________________ et pourtant cela ne marche pas.

d **sérieux** = valable – grave – consciencieux
1 C'est un employé sérieux / ________________.
2 Tu n'as aucune raison sérieuse / ________________ de penser ça.
3 Il ne rit jamais, il est toujours très sérieux / ________________.

e **clair** = lumineux – intelligible – limpide
   1 Son argumentation n'est pas très claire / ______________.
   2 Cet appartement est très clair / ______________.
   3 L'eau de ce lac est très claire / ______________.

le goût	der Geschmack
contesté/-e	umstritten
le scénariste	der Drehbuchautor
les droits d'auteur, *m pl*	die Autorenrechte
la revendication	die Forderung
le calcul	die Rechnung
la raison	der Grund

105 Paronyme: Zum Verwechseln ähnlich

Einige Wörter sind der Form nach sehr ähnlich, haben aber unterschiedliche Bedeutung. Sie werden „Paronyme" genannt und sind leicht zu verwechseln.

Welches Wort passt? Ergänzen Sie anschließend die Vokabelliste.

a originel - original
   1 Le scénario du film est vraiment très ______________.
   2 Le péché ______________ est une doctrine de la religion chrétienne.

b provençal – provincial
   1 A vendre, petite maison ______________, située dans la banlieue de Toulouse.
   2 Bécassine*, petite ______________ venue de Bretagne, accumule les gaffes chez les Parisiens.

c compréhensif – compréhensible
   1 Êtes-vous un patron ______________ ou un patron répressif ?
   2 Une telle attitude est parfaitement ______________.

* héroïne d'une des premières bandes dessinées françaises

d officiel – officieux

1 De source ________________, le oui l'emporterait.

2 Au Kosovo, le serbe est, avec l'albanais, la langue ________________.

e opportun – importun

1 Il faut savoir attendre le moment ________________ pour agir.

2 C'est tout un art de savoir se débarrasser des ________________.

f pacifique – pacifiste

1 La France et l'Algérie ont signé un accord sur le développement de l'énergie nucléaire à des fins ________________.

2 Je suis, avec le temps, devenu tolérant, ________________ et diplomate.

g élimé – éliminé

1 Il portait une chemise bleu clair, une cravate, un costume noir ________________.

2 Le joueur français a été ________________ en demi-finale du tournoi de Paris-Bercy.

h familière – familiale

1 Le livre est écrit dans une langue très ________________, presque choquante.

2 Nous avons une grande réunion ________________ en juillet.

le péché ________________	die Erbsünde
la banlieue	der Vorort
accumuler	anhäufen
la gaffe	der Fauxpas
l'attitude, *f*	das Benehmen
de source ________________	aus nicht offizieller Quelle
le moment ________________	der günstige Augenblick
se débarrasser	loswerden
signer un accord	einen Vertrag unterzeichnen
la fin ________________	die friedliche Nutzung
élimé/-e	abgenutzt
la langue ________________	die Umgangssprache

106 Wendungen: Das Wörtchen *y*

Y vertritt eine Ortsangabe, die mit einer Ortspräposition (z. B. *à, sur, dans, chez*) eingeführt wurde: *Vous habitez à Paris depuis longtemps ? – J'**y** habite depuis un an*. Oder es vertritt eine Verbergänzung, die mit der Präposition *à* eingeleitet wird: *Tu penses à ma lettre ? – Oui, j'**y** pense.*
Außerden ist *y* Bestandteil vieler Wendungen, die Sie jetzt üben können.

1 In Welcher Situation können Sie die folgenden Wendungen gebrauchen? Eine Wendung taucht zweimal auf.

a Sie möchten gehen.
b Sie sind gerade mit etwas fertig geworden.
c Sie schaffen etwas nicht.
d Sie möchten mit etwas anfangen / losgehen.
e Sie lehnen jede Verantwortung ab.
f Sie möchten niemanden sehen oder sprechen.
g Sie verstehen gar nichts mehr.
h Sie kennen sich mit etwas nicht aus.

1 Je n'y arrive pas.
2 Je n'y comprends plus rien.
3 On y va ?
4 Je n'y suis pour personne.
5 Ça y est.
6 Je ne m'y connais pas.
7 Je n'y peux rien.
8 On y va ?

2 Übersetzen Sie die folgenden Wendungen mit *y* ins Deutsche.

a Qu'est-ce que tu veux que j'y fasse ?

____

b Je n'y suis pour rien.

____

c Tu t'y prends mal, laisse-moi faire.

____

d Ah, mais j'y suis !

____

e Elle s'y connaît bien.

____

f Vas-y, lance-toi !

____

g On n'y voit rien.

____

h Tu n'y entends rien.

____

i Vous n'y êtes pas du tout ! C'est tout le contraire.

____

j Il s'y prend bien avec les enfants.

____

k Je ne m'y attendais pas du tout.

____

l En fait, je n'y tiens pas vraiment.

____

m Saluez votre épouse, pour moi. – Je n'y manquerai pas.

____

se lancer	sich trauen
l'épouse, *f*	die Gattin

107 *Mots savants*: Auf den Spuren der Antike ...

In vielen französischen Wörtern ist die lateinische Wurzel noch sehr deutlich zu erkennen. Vielleicht können Sie hier Ihre Lateinkenntnisse endlich gebrauchen.

Tragen Sie ein bis zwei französische Wörter ein, die die angegebene lateinische Wurzel enthalten. Ergänzen Sie anschließend die Beispielsätze.

(puer = Kind) → *puéril* / *puériculture*
J'ai trouvé ce débat *puéril* et sans intérêt.

a (aqua = Wasser) → ____________ / ____________
Vous trouverez sur notre site tous vos accessoires pour les sports

____________.

b (equus = Pferd) → ______________ / ______________
Profitez d'une réduction de 50% sur votre prochain stage d'______________.

c (labor = Arbeit) → ______________ / ______________
Les recherches menées dans notre ______________ ont confirmé cette hypothèse.

d (hortus = Garten) → ______________ / ______________
J'ai fait des études d'______________ et ma vocation est de cultiver des plantes.

e (piscis = Fisch) → ______________ / ______________
Des Suédoises militent pour avoir le droit d'être les seins nus à la ______________.

f (fabula = Geschichte) → ______________ / ______________
Connaissez-vous le film *Le* ______________ *Destin d'Amélie Poulain* ?

g (navis = Schiff) → ______________ / ______________
Tempête : neuf conteneurs ont été perdus par un ______________ au large des côtes de la Bretagne.

h (discipulus = Schüler) → ______________ / ______________
Pour réussir dans cette profession, il faut beaucoup de ______________.

i (pater = Vater) ______________ / ______________
Les résultats des tests ADN ont établi sa ______________.

j (ager / *Plural* agri = Acker) → ______________ / ______________
En France, seulement 1% de l'______________ est bio.

k (mater = Mutter) → ______________ / ______________
L'Alsacien est sa langue ______________, le français la langue de son adolescence.

le site	die Webseite
le stage	*hier* der Kurs
mener une recherche	eine Untersuchung durchführen
cultiver	anbauen
militer pour	kämpfen für
seins nus	oben ohne
le destin	das Schicksal
au large de la côte	vor der Küste
réussir	Erfolg haben
établir	nachweisen

108 Sprachvergleich: Deutsche Wörter mit Verlängerungspotential

Es sieht so aus, als ob das Deutsche beliebig viele neue Wörter bilden könnte. Das Rezept dazu ist einfach: Man klebe zwei Substantive zusammen und erhält dann einen neuen Begriff. Über eine solche Möglichkeit verfügt das Französische nur begrenzt. Es muss im Gegensatz zum Deutschen auf eigene Vokabeln zurückgreifen. In der folgenden Übung können Sie sehen, dass deutsche zusammengesetzte Wörter mit demselben Bestimmungswort im Französischen sehr unterschiedlich wiedergegeben werden.

Welches deutsche Wort bildet den ersten Teil des zusammengesetztes Wortes.

a	le chef d'établissement		leiter
	le cartable		ranzen
	les devoirs		aufgaben
	le manuel scolaire	______	buch
	la matière / la discipline		fach
	le médecine officielle		medizin
b	le temps libre		zeit
	la piscine découverte		bad
	l'acquittement		spruch
	le franc maçon	______	maurer
	l'exemplaire gratuit		exemplar
	le coup franc		stoß
c	centre d'équitation		stall
	le manège		halle
	la bombe		kappe
	la culotte de cheval	______	hose
	le professeur d'équitation		lehrer
	le sport hippique		sport
d	le précepteur		lehrer
	le médecin de famille		arzt
	le squat		besetzung
	la femme au foyer	______	frau
	la visite à domicile		besuch
	l'animal domestique		tier

e	le premier rôle		{	darsteller
	le capitaine			mann
	la haute saison	________		saison
	la gare centrale			bahnhof
	la capitale			stadt

Merken Sie sich noch:
Anders als im Deutschen steht das Grundwort im Französischen meistens an erster Stelle. Vergleichen Sie: ***salle*** *de séjour* Wohn**zimmer**.

109 Aussprache: Problemfälle

Bei einigen der folgenden Wörter sind sich die Franzosen wieder nicht einig, wie die korrekte Aussprache lautet, aber es gibt eine. Kennen Sie sie? Dem Problem mit der richtigen Aussprache von *août* (August) sind Sie schon in Übung 65 begegnet.

1 Markieren Sie die richtige Aussprache.

a	agenda	[aʒɑ̃da]	oder	[aʒɛ̃da]
b	Bruxelles	[bʀysɛl]	oder	[bʀyksɛl]
c	cassis	[kasis]	oder	[kasi]
d	quasi	[kazi]	oder	[kwazi]
e	solennel	[sɔlɑ̃nɛl]	oder	[sɔlanɛl]
f	grammaire	[grɑ̃mɛʀ]	oder	[gram(m)ɛʀ]
g	août	[au]	oder	[ut]
h	legs	[legz]	oder	[leg]
i	million	[mijɔ̃]	oder	[miljɔ̃]
j	chaos	[kao]	oder	[kaos]
k	juin	[ʒuɛ̃]	oder	[ʒɥɛ̃]

l'agenda, *m*	der Terminkalender
le cassis	die Johannisbeere
solennel/-le	feierlich
le legs	das Vermächtnis

2 Notieren Sie die Wortpaare, die sich reimen.

a	taon – autant – thon	________	________
b	sol – sole – saule	________	________
c	patiemment – lentement – couramment	________	________
d	examen – maman – demain	________	________
e	gageure – blessure – bonheur	________	________
f	femme – dilemme – même	________	________
g	carrousel – sel – mademoiselle	________	________
h	radis - pastis - souris	________	________
i	os - dos - noce	________	________

le taon	die Bremse (Stechmücke)
autant	gleich viel
le thon	der Thunfisch
patiemment	geduldig
couramment	fließend
la gageure	die Herausforderung
la blessure	die Verletzung
le dilemme	das Dilemma
même	sogar
le radis	das Radieschen
le pastis	*Anisschnaps*
l'os, *m*	der Knochen
la noce	die Hochzeit

110 *Mots croisés*: Falsche Freunde

In diesem Kreuzworträtsel geht es um „falsche Freunde". Tragen Sie das gesuchte Wort ein, das es sowohl im Französischen als auch im Deutschen (jedoch mit unterschiedlicher Bedeutung) gibt. Tragen Sie die französische Form in das Gitter ein.

10

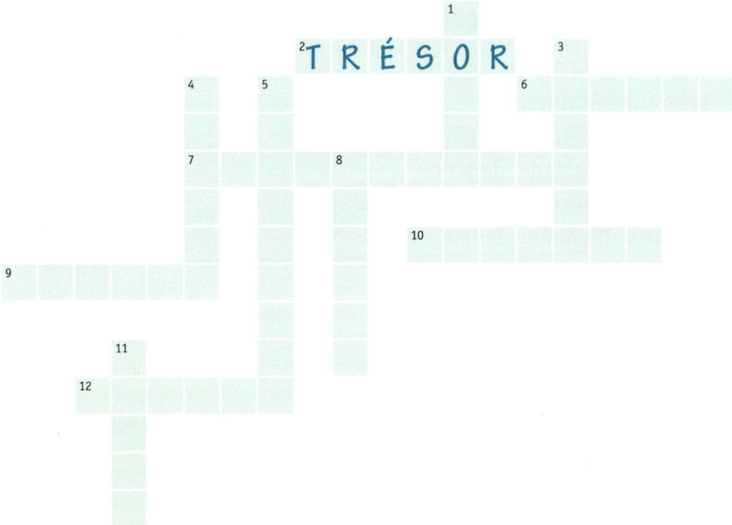

Horizontalement

	en français	*en allemand*
2	ensemble d'objets précieux	coffre où l'on met des objets précieux
6	qui fait étalage de sa culture	maniaque de l'ordre, de la propreté
7	tact, finesse	un mets excellent et fin
9	ensemble des mots que l'on dit	une devise, une formule frappante
10	idée, représentation abstraite	première ébauche, brouillon
12	autre mot pour *visage*	personnage d'une œuvre de fiction

Verticalement

	en français	*en allemand*
1	mot familier pour désigner un enfant	bordure de rue, le long du trottoir
3	le contraire de *lourde*	le contraire de *sérieux*
4	constant dans ses relations	joyeux, gai
5	savoir-vivre, bonnes manières	personne chargée du respect des règles de stationnement
8	appareil pour prendre des films	appareil pour prendre des photos
11	personne incapable, nulle	le contraire de *plus*

111 Land: Hier können Sie endlich Land gewinnen!

Nicht nur mit dem Wort „Straße" (siehe Übung 15), sondern auch mit dem Wort „Land" nehmen es die Franzosen genauer: „Land" als ländliche Gegend heißt auf Französisch *la campagne* und steht immer im Singular: *vivre à la campagne* auf dem Land leben.
„Land" als ein von Grenzen umschlossenes Gebiet heißt *le pays* und „Land" als deutsches Bundesland *le land* (Plural *les länder*).
„Land" als Grundstück oder Gelände wird mit *le terrain* wiedergegeben.
Als Gegensatz zu Wasser wird es mit *la terre* übersetzt.

1 Übersetzen Sie die folgenden Sätze. Ergänzen Sie anschließend die Vokabelliste.

a Ich bin auf dem Land aufgewachsen.

____

b Er verließ sein Land mit 15 Jahren.

____

c Sie haben ein Landhaus in der Normandie.

____

d Ich habe oft Heimweh.

____

e Ich hasse das ruhige Landleben.

____

f Er hat seine Heimat nie vergessen.

____

g Er besitzt 100 Hektar Land.

____

h Ich komme sehr gut mit den Einheimischen zurecht.

____

i Land! Land! Wir sind gerettet!

____

grandir	*hier* aufwachsen
quitter	verlassen
la maison ______________	das Landhaus
le mal ______________	das Heimweh
calme	ruhig
posséder	besitzen
les gens ______________, *m pl*	die Einheimischen
sauvé/-e	gerettet

2 Hier finden Sie noch einige gängige Wortverbindungen mit „Land". Verbinden Sie.

a ein Landbrot
b das Schlaraffenland
c eine Landpastete
d das Bauland
e das Brachland
f der Landarzt
g das gelobte Land
h das Heilige Land

1 la zone à bâtir
2 le médecin de campagne
3 la Terre Sainte
4 un pâté de campagne
5 la Terre promise
6 la friche
7 le pays de cocagne
8 un pain de campagne

112 Werden: Die Sache ist noch im Werden.

Werden = *devenir*. Aber „werden", eins der im Deutschen meist verwendeten Verben, hat noch viel mehr Entsprechungen.
In Verbindung mit einem Adjektiv kann es im Französischen mit einem Vollverb wiedergegeben werden. Dazu wird von vielen Adjektiven ein Verb auf *-ir* abgeleitet, das die Bedeutung „werden" ausdrückt. Anstelle von *il est devenu grand* (er ist groß geworden) sagt man dann *il a grandi*.

1 Wie heißt das eigentliche Verb?

Il est devenu tout maigre. → Il a beaucoup *maigri*.
a Les pommes deviennent mûres. → Elles ______________.
b Elle est devenue mince. → Elle a beaucoup ______________.

c Il devient très vite rouge. → Il ______________ facilement.
d Ces photos sont devenues toutes jaunes. → Elles ont ______________.
e Elle a très peur de devenir grosse. → Elle a très peur de ______________.
f A ces mots, il est devenu tout pâle. → Il a ______________.
g Mes cheveux deviennent blonds au soleil. → Ils ______________.
h Laisser l'eau devenir tiède. → Laisser l'eau ______________.

mûr/-e	reif
mince	schlank
à ces mots	bei diesen Worten
pâle	blass
tiède	lauwarm

Viele sehr gängige deutsche Wendungen mit „werden" werden im Französischen nicht mit *devenir* übersetzt.

2 Übersetzen Sie. Ergänzen Sie anschließend die Vokabelliste.

a Nächstes Jahr werde ich 30.
____

b Mir wird schwindlig.
____

c Was möchte er später werden?
____

d Mir wird langsam kalt.
____

e Es wird nicht besser.
____

f Es wird Zeit für mich zu gehen.
____

g Sie ist Zweite geworden.
____

h Das muss anders werden!
____

i Mach dir keine Sorgen. Es wird schon werden.

____

j Die Tage werden länger.

____

k Ich werde es mir überlegen.

____

l'année prochaine, *f*	nächstes Jahr
________ **le vertige**	schwindlig werden
plus tard	später
________	anders werden
________	länger werden

113 Positionsverben: Hier liegen Sie richtig.

Wenn die Positionsverben „sitzen", „liegen" und „stehen" eine bestimmte Haltung ausdrücken, werden sie mit *être assis, être couché / allongé* oder *être debout* (wörtlich „sitzend, liegend, stehend sein") wiedergegeben. Jedoch wird im Französischen seltener als im Deutschen die genaue Position präzisiert: Wir sitzen am Tisch. *Nous sommes (assis) à table.*

1 Übersetzen Sie ins Französische. Setzen Sie, wenn das Positionsverb nicht notwendig ist, die Angabe der Lage in Klammern.

a Er lag bewegungslos auf dem Rücken.

____

b Ich möchte lieber stehen bleiben.

____

c Der Hund liegt schon wieder auf dem Bett!

____

d Bleiben Sie sitzen.

____

e Es war anstrengend. Ich stand während der ganzen Fahrt.

____

f Sie sitzt den ganzen Tag vor dem Fernseher.

____

g Die Kinder liegen schon im Bett.

____

immobile	bewegungslos
le dos	der Rücken
préférer	lieber mögen
encore	schon wieder
fatigant/-e	anstrengend
le voyage	die Fahrt
la télé(vision)	*hier* der Fernseher

2 Die folgenden französischen Wendungen enthalten alle eine Positionsangabe. Was ist deren deutsche Entsprechung? Verbinden Sie.

a Cette histoire ne tient pas **debout.**
b Un café **allongé**, s'il vous plaît !
c Il ne tient plus **debout.**
d Le soleil est déjà **couché.**
e Je suis resté **debout** toute la nuit.
f Je crois qu'il n'est pas encore **couché.**
g Il a une écriture **couchée.**
h Mieux vaut mourir **debout** que vivre à genoux.
i Ralentis. Il y a un « gendarme **couché** » sur la route.
j Il n'y a plus de places **assises.**

1 Die Sonne ist schon untergegangen.
2 Er hat eine schräge Schrift.
3 Es gibt keine Sitzplätze mehr.
4 Fahr langsamer, es ist eine Bodenwelle auf der Straße.
5 Ich glaube, er ist noch nicht im Bett.
6 Diese Geschichte hat weder Hand noch Fuß.
7 Ich bin die ganze Nacht aufgeblieben.
8 Einen Kaffee und etwas Wasser, bitte!
9 Lieber im Stehen sterben als kniend leben.
10 Er steht nicht mehr sicher auf den Beinen.

114 Kurz und praktisch im Deutschen, aber *impossible* im Französischen

Im Deutschen kann eine Partikel für ein ganzes Verb stehen. Sie müssen, um diese umgangssprachlichen Wendungen im Französischen wiederzugeben, meist ein Verb verwenden: Augen **auf**! *Ouvre / Ouvrez les yeux.*

Übersetzen Sie die Sätze, indem Sie die Verben im Kasten zur Hilfe nehmen.

entrer – finir (2 ×) – accompagner – sortir – avoir – éteindre – aller (2 ×) – être levé – fermer (2 ×) – porter – perdre – passer (2 ×) – partir – ouvrir – allumer – venir

a Sie sind alle ins Theater gegangen, aber ich wollte nicht **mit.**

b Er war schon **weg**, als ich kam.

c Meine Eltern sind heute Abend **aus.**

d Ist der Zug nach Berlin schon **durch**?

e Er hatte keinen Hut **auf.**

f Ist der Fernseher **aus**?

g Alle Türen waren **auf.**

h Ist dein Bruder schon **auf**?

i Die Geschäfte sind schon **zu.**

j Lassen Sie mich bitte **durch.**

k Wann ist der Film **aus**?

l Bücher **zu**!

m Mein Knopf ist **ab.**

n Ich bin **durch.**

o **Herein**!

p Das Licht ist **an.**

q Kommst du heute Abend **mit**?

r **Los**!

s Was haben wir für nächste Woche **auf**?

le train pour	der Zug nach
la télé(vision)	der Fernseher
le bouton	der Knopf
la lumière	das Licht
la semaine prochaine	nächste Woche

115 *Voilà, voilà ...*

Wenn Sie nach Frankreich fahren, werden Sie das kleine Wort *voilà* bestimmt öfter hören: Es ist sehr anpassungsfähig. Sehen Sie selbst ...

1 Verbinden Sie die französische Wendung mit der passenden Übersetzung.

a	Et voilà.	1	Da bin ich.
b	En voilà une drôle d'histoire.	2	Das ist für Sie.
c	Elle l'a quitté voilà deux ans.	3	Deshalb habe ich nichts gesagt.
d	Voilà Pierre.	4	Das hört man gern.
e	Voilà ce que c'est de tricher.	5	Jetzt haben wir den Salat!
f	Voilà pour vous.	6	Das war's.
g	Nous voilà bien !	7	So haben sich die Dinge ereignet.
h	Nous y voilà !	8	Sie hat ihn vor zwei Jahren verlassen.
i	Me voilà bien embarrassée.	9	So eine merkwürdige Geschichte!
j	Me voilà.	10	Da kommt Pierre.
k	Voilà pourquoi je n'ai rien dit.	11	Nun sind wir beim Thema.
l	Voilà comment les choses se sont passées.	12	Jetzt bin ich aber richtig verlegen.
m	Voilà qui fait plaisir à entendre.	13	Das hast du vom Schummeln!

l'histoire, *f*	die Geschichte
quitter	verlassen
tricher	schummeln
embarrassé/-e	verlegen

2 Sie können beim Übersetzen der folgenden Sätze immer eine Wendung mit *voilà* verwenden.

a Ich komme schon.

b Hallo, da bin ich.

c Hier ist die Zeitung, die Sie bestellt haben.

d Da kommen sie!

e So, jetzt reicht's.

f Hier ist Ihr Bier.

g Das ist wenigstens ein Punkt, mit dem wir einverstanden sind.

h Da kommt Frau Leduc.

i Das ist es, worüber wir nachdenken müssen.

j Das Abenteuer begann vor fast einem Jahr.

k Also, ich habe eine gute und eine schlechte Nachricht.

l Deshalb möchte ich, dass du schnell reagierst.

demander	*hier* bestellen
au moins	wenigstens
le point	der Punkt
être d'accord sur	einverstanden sein mit
l'aventure, *f*	das Abenteuer

116 Rechtschreibprobleme? Hier ist einiges erlaubt!

Die französiche Rechtschreibung stellt nicht nur für Sie ein Problem dar. Auch die Franzosen haben damit ihre Mühe. Die konnten sich sogar bei einigen Wörtern nicht auf eine einheitliche Schreibweise einigen.

Die folgenden Wörter können auf verschiedene Weise geschrieben werden. Ergänzen Sie jeweils die zweite Möglichkeit.

a Nous avons passé la soirée au bistro / ____________ hier soir.
b J'ai perdu mes clés / ____________.
c Il a avoué avoir déjà fumé du haschisch / ____________.
d Nous étions à un concert de musique tsigane / ____________.
e Tu entends le pic-vert / ____________ ?
f J'ai attrapé un lumbago / ____________ en portant ces caisses.
g Il a une recette de daurade / ____________ au four excellente.
h Ils ont arrêté le gourou / ____________ de la secte.
i Tu manges trop de cacahuètes / ____________. Tu vas grossir.
j Quelle pagaïe / ____________ ici ! Une chienne n'y retrouverait pas ses chiots.
k Veuillez nous contacter par e-mail / ____________ ou par téléphone.
l Nous avons élaboré un CD-ROM / ____________ pédagogique que nous mettrons à la dispostion des écoles.

avouer	zugeben
le pic-vert	der Specht
le lumbago	der Hexenschuss
la daurade	die Goldbrasse
arrêter	*hier* festnehmen
la cacahuète	die Erdnuss
la pagaïe	das Durcheinander
le chiot	der Welpe
élaborer	erarbeiten
mettre à la disposition	zur Verfügung stellen

Der *Conseil supérieur de la langue française* hat 1990 Empfehlungen zur Vereinfachung der Rechtschreibung formuliert, z. B. wird der *accent grave* (`) der

Aussprache angepasst und der *accent circonflexe* (^) nur beibehalten, wenn er eine bedeutungsunterscheidende Funktion hat.
Solche Empfehlungen werden in der Regel nicht gleich umgesetzt, deshalb existieren für viele Wörter mittlerweile zwei Schreibweisen:

	frühere Rechtschreibung	neue Rechtschreibung
[evɛnmɑ̃]	un événement	un évènement
[kʀɛmʀi]	la crémerie	la crèmerie
[prefɛʀəʀɛ]	je préférerais	je préfèrerais
[ku]	le coût	le cout

117 Synonyme: Oft austauschbar

In dieser Übung sind die Synonyme austauschbar. Den Originaltext des folgenden Zeitungsartikels erhalten Sie, wenn Sie die unterstrichenen Wörter durch gleichbedeutende aus dem Kasten ersetzen. Gleichen Sie an.

se procurer	œuvrer	groupe	extraordinaire
fondé	publier	tâche	à la recherche
objectif	nouvelle	célébrité	laisser de côté
solution	vie	montrer	

Presse : l'information porteuse de bonnes nouvelles

Toutes les études le <u>prouvent</u> / __________ : les gens ont besoin d'<u>informations</u> / de __________ positives. Pas des informations sur les <u>people</u> / __________, mais des informations qui les aident à devenir les acteurs de leur <u>quotidien</u> / __________, à agir sur leur <u>communauté</u> / __________ et le monde.
<u>Créée</u> / __________ par Elisabeth Laville, l'agence Graines de changement s'est donnée pour mission / __________ de partir <u>en quête</u> / __________ des « entrepreneurs du meilleur », des hommes et femmes qui <u>travaillent</u> / __________ à faire évoluer le monde de façon positive.
<u>Le but</u> / __________ est de révéler un monde plus responsable et durable <u>en ignorant</u> / __________ l'actualité basée sur le « sensationnel » / __________ et le « catastrophique » au profit de celle qui cherche activement <u>des réponses</u> / des __________ visibles.
Reporters d'Espoirs édite / __________ un magazine annuel, que l'on peut <u>acheter</u> / __________ dans les kiosques pour une période de trois mois.

prouver	beweisen
avoir besoin de	brauchen
aider	helfen
le quotidien	der Alltag
créer	gründen
l'agence, *f*	die Agentur
la graine	das Korn
la mission	die Aufgabe
partir en quête	auf die Suche gehen
l'entrepreneur, *m*	der Unternehmer
le but	das Ziel
révéler	zeigen
ignorer	*hier* nicht beachten
au profit de	zugunsten von
éditer	herausgeben
le magazine	die Zeitschrift

118 Euphemismen: *Agent d'entretien* oder *balayeur* bei gleichem Lohn

Der frühere *balayeur* ist zum *agent d'entretien* (Raumpfleger) ernannt worden. Leider geht mit dieser sprachlichen Beförderung keine Gehaltserhöhung einher. Mit Hilfe solcher beschönigenden Wendungen (Euphemismen) nähert sich die Sprache der „Heuchelei": Eine als nicht angenehm empfundene Wirklichkeit wird „geleugnet". So werden z. B. *bombardements* (Bombenangriffe) zu *frappes chirurgicales* und sollen dadurch etwas von ihrem Schrecken verlieren.

1 Verbinden Sie die herkömmlichen Bezeichnungen in der linken Spalte mit den Neubildungen in der rechten.

a	un chômeur	1	la situation de réussite différée
b	un animateur	2	une zone urbaine sensible
c	les morts de civils	3	un agent d'ambiance
d	une caissière	4	un demandeur d'emploi
e	l'échec scolaire	5	une hôtesse de caisse
f	un ghetto	6	les pertes collatérales

l'animateur, *m*	der Moderator
l'échec scolaire, *m*	das Schulversagen
la réussite	der Erfolg
différé/-e	aufgeschoben
urbain/-e	städtisch
l'emploi, *m*	die Arbeitsstelle
la perte	der Verlust

2 Wie heißt der ursprüngliche Begriff? Ersetzen Sie die fett gedruckten Wendungen durch einen der folgenden Ausdrücke.

éboueurs – femme de ménage – obèses – handicapés – femme au foyer – aveugles

a Cette place est réservée aux **personnes à mobilité réduite** / ________________.

b C'est une excellente **« ingénieure de maison »** / ________________.

c Grève des **agents de traitement des déchets urbains** / ________________.

d Ce programme a été conçu pour des **personnes non-voyantes** / ________________.

e Recherchons **technicienne de surface** / ________________ pour nos bureaux.

f C'est un programme qui s'adresse aux personnes **en surpoids** / ________________.

réduit-/e	eingeschränkt
la grève	der Streik
le traitement des déchets	die Müllentsorgung
conçu/-e	konzipiert
non-voyant/-e	nicht sehend
le surpoids	das Übergewicht

119 Wendungen: Kurzer Besuch im Zoo

Frosch im Hals oder *chat dans la gorge*?
Tiernamen sind eine Fundgrube für bildhafte Wendungen. Beide Sprachen machen reichlich Gebrauch davon. Manchmal wird dasselbe Tier gebeten, Modell zu stehen:
glücklich wie ein Fisch im Wasser *heureux comme un poisson dans l'eau*.
Aber nicht immer: Der Deutsche bekommt z. B., wenn er Angst hat oder friert, eine „Gänsehaut“, der Franzose *la chair de poule* (wörtlich: die Hühnerhaut).

1 Welche Tiernamen fehlen hier? Tragen Sie sie ein.

ours	cochon	loup	chat	cheval	cigale
éléphant	fourmis	canard	chien	tortue	oiseau

a Il fait très froid : il fait un froid de ___________.
b Vous dépensez beaucoup d'argent : vous êtes une vraie ___________.
c Vous avez très faim : vous avez une faim de ___________.
d Vous êtes resté longtemps assis : vous avez des ___________ dans les jambes.
e Vous ne mangez pas beaucoup : vous avez un appétit d'___________.
f Vous n'aimez pas la société, vous aimez être seul : vous êtes un vrai ___________.
g Vous n'oubliez rien : vous avez une mémoire d'___________.
h Vous êtes souvent de mauvaise humeur : vous avez un caractère de ___________.
i Vous avez une température élevée : Vous avez une fièvre de ___________.

j Vous vous lavez rapidement : vous faites une toilette de ___________.
k Vous êtes très malade : vous êtes malade comme un ___________.
l Vous avancez très lentement : Vous avez une allure de ___________.

dépenser	ausgeben
la société	die Gesellschaft
être de mauvaise humeur	schlecht gelaunt sein
élevé/-e	hoch gelegen
la fièvre	das Fieber
avancer	vorankommen

2 Wie werden die folgenden Wendungen ins Deutsche übersetzt?

a Quel égoiste ! Il s'octroie toujours la part du **lion.**

____

b Ce n'est pas une famille, c'est un véritable panier de **crabes**.

____

c Quel temps de **chien** !

____

d Il m'a encore posé un **lapin** ! C'est la dernière fois que je lui donne rendez-vous.

____

e Pas étonnant qu'il soit stressé : il court toujours deux **lièvres** à la fois.

____

f Il est dur à suivre : il passe sans arrêt du **coq** à l'**âne**.

____

s'octroyer	sich gönnen
courir	rennen
le lièvre	der Hase
suivre	folgen
le coq	der Hahn
l'âne, *m*	der Esel

120 Homophone: Trügerischer Gleichklang

*Ma **mère** passe ses vacances au bord de la **mer**.* [ma**mɛʀ**passevakɑ̃sobɔʀdəla**mɛʀ**]
Das Bemerkenswerte an diesem Satz ist, dass zwei Wörter trotz unterschiedlicher Schreibung und Bedeutung gleich ausgesprochen werden. Dieses Phänomen (die Homophonie), das im Deutschen eher selten ist, kommt im Französischen sehr häufig vor und bereitet Schülern natürlich oft Probleme.

Setzen Sie das jeweils passende Wort ein, gleichen Sie es an und ergänzen Sie anschließend die Vokabelliste.

a [kuʀ] → court (2 ×) – courre – cours – ~~cour~~
1 A la récréation, les élèves doivent sortir dans la *cour*.
2 La chasse à __________ est-elle interdite ?
3 Le lundi, j'ai __________ de français.
4 La maison la plus chère des Etats-Unis : 29 chambres, trois piscines, plusieurs __________ de tennis, une boîte de nuit etc.
5 Il est bien ton pull, mais un peu trop __________.

b [so] → seau - sot - sceau - saut
1 Va me chercher un __________ d'eau, s'il te plaît.
2 Cette information nous a été confiée sous le __________ de l'anonymat par un ancien dirigeant de l'entreprise.
3 J'ai eu l'impression de faire un __________ dans le vide.
4 L'exposition fermera bientôt ses portes et il serait __________ de ne pas y aller.

c [vɛʀ] → vers (3 ×) – ver – verre – verts
1 Votre __________ est-il à moitié plein ou à moitié vide ?
2 Le service comptabilité est transféré __________ un autre bâtiment.
3 Le ténia est un __________ qui peut vivre dans l'estomac jusqu'à 15 ans et atteindre 15 mètres de longueur.
4 Il s'est levé et s'est dirigé __________ la porte.
5 La poésie sans __________, ça existe ?

d [sɑ̃] → sans – cent – sang – sent

1 Il y a une drôle d'odeur ici. Ça ___________ le brûlé, je trouve.
2 Il y a une collecte de ___________ demain sur la Place de l'Hôtel de ville.
3 Il faisait les ___________ pas devant la porte.
4 Je prends toujours mon café ___________ sucre.

la récréation	die Pause
la chasse à ___________	die Treibjagd
le ___________ de tennis	der Tennisplatz
la boîte de nuit	der Nachtclub
un ___________ d'eau	ein Eimer Wasser
confier	anvertrauen
le ___________	das Siegel
être sot/-te	ein Narr / eine Närrin sein
le service	die Abteilung
la comptabilité	die Buchführung
le ténia	der Bandwurm
atteindre	erreichen
faire les ___________ pas	auf- und abgehen

121 *Mots croisés: Mots savants*

Eselsbrücke = ***procédé mnémotechnique:*** Wie kann man sich bloß so ein Wort merken? Gesucht wird hier nach sogenannten ***mots savants***, deren Bedeutung aufgrund ihrer lateinischen oder griechischen Bestandteile nicht gleich zu erschließen ist. Vergleichen Sie sie dann mit ihrem deutschen Pendant. Sie werden feststellen, dass das deutsche Wort viel „sprechender" ist.

mégalomane – fébrifuge – xénophobe – interlocuteur – omnivore – somnifère – hippodrome – doryphore – mammifère – philatéliste – misogyne – pisciculture

11

Horizontalement

2 C'est un insecte parasite de la pomme de terre.
4 Il déteste les femmes.
8 Qualifie une personne qui n'aime pas les étrangers.
9 C'est la personne à qui l'on parle.
11 Il collectionne les timbres poste.
12 C'est un médicament que l'on prend pour dormir.

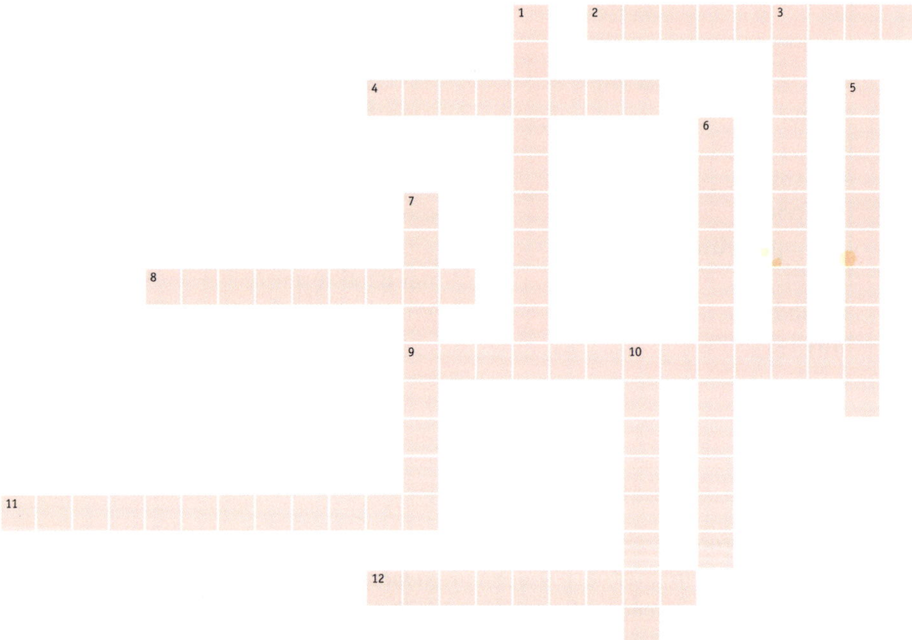

Verticalement

1 Qualifie une personne qui a la folie des grandeurs.
3 C'est un terrain aménagé pour les courses de chevaux.
5 Qualifie une femelle qui allaite ses petits.
6 C'est l'élevage de poissons.
7 Qualifie un produit qui guérit la fièvre.
10 Signifie : qui mange de tout. L'homme en est un.

122 Bringen: Ein Verb im Deutschen, mehrere im Französischen

*J'ai **conduit** la voiture au garage, **mis** les enfants au lit, **rangé** la cuisine.*
Ich habe das Auto in die Garage, die Kinder ins Bett und die Küche in Ordnung **gebracht**.
Das Deutsche kann mit einem einzigen Verb drei verschiedene Handlungen ausdrücken, das Französische muss auf mehrere Verben zurückgreifen. Wieder ist das Französische genauer: Das Verb „bringen" wird aus diesem Grund, je nach Kontext, sehr unterschiedlich wiedergegeben.

Übersetzen Sie ins Französische. Benutzen Sie dabei die Verben aus dem Kasten.

amener – apporter (2 ×) – servir – mettre (2 ×) – faire (2 ×) – conduire – diffuser – porter (2 ×) – raccompagner – rapporter – montrer

a Dieser Kurs hat mir viel gebracht.

b Dieses Geschäft brachte mir gar nichts.

c Ich musste meine Tochter zum Arzt bringen.

d Diese Reportage haben sie im Fernsehen gebracht.

e Was hat Sie dazu gebracht, so etwas zu tun?

f Ich habe sie nach Hause gebracht.

g Er bringt mich immer zum Lachen.

h Dieser Sender bringt immer dieselben Filme.

i Ich möchte Sie nicht in Verlegenheit bringen.

j Ich habe es versucht. Es bringt nichts.

k Bring den Nachbarn die Zeitung.

____

l Wer hat dieses Päckchen gebracht?

____

m Das kannst du doch nicht bringen.

____

n Ich bringe noch schnell die Kinder ins Bett.

____

o Das wird ihm kein Glück bringen.

____

l'affaire, *f*	*hier* das Geschäft
rire	lachen
la chaîne	der Sender
l'embarras, *m*	die Verlegenheit
essayer	versuchen
le voisin	der Nachbar
le paquet	das Päckchen
la chance	das Glück

123 Geld: Kennen Sie sich in Geldangelegenheiten aus?

Monnaie und *argent* sind im Französischen nicht austauschbar.
La monnaie, das sind die konkreten Münzen und Geldscheine, die man in seinem Portemonnaie hat, so heißt auch a*voir de la monnaie* Kleingeld haben.
La monnaie ist aber auch die Währung eines Landes: *Comment s'appelle la monnaie chinoise ?* Wie heißt die chinesische Währung?
L'argent ist abstrakter und stellt den Geldbesitz dar, über den jemand verfügt: *Ils ont beaucoup d'argent.* Sie haben viel Geld.

1 *L'argent* oder *la monnaie*? Ergänzen Sie die Sätze und anschließend die Vokabelliste.

a Les yakusas se consacrent de plus en plus au blanchiment de ____________ sale.

b Hier encore, ____________ unique a atteint son record absolu face au dollar, à 1,6052.
c Pendant des années, il a soigneusement mis de côté des pièces de ____________.
d Au club, ____________ manque et les sponsors sont rares.
e ____________ est le nerf de la guerre.
f D'après un premier examen effectué par des archéologues, les objets (vases, statuettes, pièces de ____________) dateraient du VIe au IVe siècle avant notre ère.

consacrer	widmen
le blanchiment ____________	die Geldwäsche
____________ **unique**	gemeinsame Währung
atteindre un record	einen Rekord erreichen
face à	gegenüber
soigneusement	sorgfältig
mettre de côté	auf die Seite legen
la pièce de ____________	das Geldstück
manquer	fehlen
le nerf de la guerre	*hier* die Ursache des Krieges
effectuer	durchführen
l'objet, *m*	der Gegenstand

2 Übersetzen Sie die folgenden Sätze.

a Die EU-Länder haben den Euro als gemeinsame Währung 2001 eingeführt.

____

b Zum Geburtstag habe ich Geld bekommen.

____

c Können Sie bitte wechseln?

____

d Ein Geiziger ist jemand, der Geld liebt.

____

e Er hat viel Geld im Lotto gewonnen.

____

f Ich habe kein Geld bei mir.

g Geld allein macht nicht glücklich.

introduire	einführen
faire la monnaie	Geld wechseln
avare	geizig
gagner au loto	im Lotto gewinnen
sur moi	bei mir

124 Modalverben: Für die Pflichterfüllung

„Sollen" heißt *devoir* oder *falloir* (siehe auch Übung 135). In der folgenden Übung geht es darum, wie „sollen" auf Französisch wiedergegeben wird, wenn es keine Notwendigkeit ausdrückt, sondern z. B. eine Wahrscheinlichkeit, eine Erwartung oder einen Rat.
Drückt „sollen" die Erwartung einer anderen Person aus, so wird es meist mit *vouloir* wiedergegeben, und zwar vom Standpunkt dieser anderen Person:
Soll ich kommen? ***Tu veux*** *que je vienne ?*

1 Verbinden Sie.

a Soll ich dir helfen oder nicht?
b Ich weiß nicht, was ich sagen soll.
c Du sollst dich beeilen.
d Was soll ich tun?
e Sie soll wieder geheiratet haben.
f Du solltest weniger rauchen.
g Du sollst nicht töten.
h Du solltest froh sein.

1 Tu devrais être content.
2 Tu ne tueras pas.
3 Qu'est-ce que tu veux que je fasse ?
4 Tu devrais fumer moins.
5 Tu veux que je t'aide ou non ?
6 Dépêche-toi.
7 Il paraît qu'elle s'est remariée. / On dit qu'elle s'est remariée.
8 Je ne sais pas quoi dire.

2 Übersetzen Sie und verwenden Sie für jeden Satz *devoir*.

a Ich muss morgen früh aufstehen.

____

b Sie schulden mir zwei Monatsmieten.

____

c Sie ist wahrscheinlich nicht informiert.

____

d Du musst Hunger haben.

____

e Sie sollte nicht so viel fernsehen.

____

f Sie muss es vergessen haben.

____

g Du solltest lieber aufpassen.

____

h Ich verdanke ihm alles.

____

i Du hättest mich informieren sollen.

____

j Sie muss um die vierzig sein.

____

Beachten Sie:
Le devoir ist die Pflicht, *le devoir à la maison* die Hausaufgabe.

se lever	aufstehen
le mois de loyer	die Monatsmiete
être au courant	informiert sein
regarder la télé	fernsehen
informer	informieren
une quarantaine d'années	um die vierzig

125 Positionsverben: Damit Sie nicht falsch liegen

Wie „sitzen", „stehen" und „liegen" im Französischen wiedergegeben werden, wenn sie die Art der Position kennzeichnen, haben Sie bereits in Übung 113 trainiert.
Diese Verben treten aber im Deutschen in sehr vielen Wendungen auf (auch bei Nicht-Lebewesen) und werden ins Französische unterschiedlich übertragen. Das Verb *être* leistet bei solchen Übersetzungsproblemen immer brauchbare Dienste.

Wie würden Sie diese Sätze auf Französisch wiedergeben? Verwenden Sie dabei die im Kasten stehenden Wendungen. Gleichen Sie an.

laisser tomber – tomber bien – se dresser – être situé – être écrit – il y a – soutenir – être (2 ×) – être dû – s'arrêter – être en prison – tomber en panne – redoubler – être perché – être garé – avoir

a Toulouse liegt an der Garonne.

____

b Es steht in der Zeitung.

____

c Wo steht dein Auto?

____

d Wasser stand überall.

____

e Sie hat ihn sitzen lassen.

____

f Das Wort liegt mir auf der Zunge.

____

g Die Ampel steht auf rot.

____

h Es liegt am Klima.

____

i Er sitzt seit sechs Monaten.

____

j Dieses Kleid sitzt gut.

____

k Sie ist sitzen geblieben.

l Der Vogel sitzt auf dem Zweig.

m Er liegt im Krankenhaus.

n Er steht immer zu mir.

o Wir sind nicht stehen geblieben.

p Ein Baum stand mitten im Hof.

q Mein Auto ist stehen geblieben.

le mot	das Wort
la langue	die Zunge
le feu (de signalisation)	die Ampel
la branche	der Zweig
la cour	der Hof

126 Polysemie: *Un mot pour deux*

Le cœur a ses raisons que la raison ne connaît pas.
Diese Stilfigur (*diaphore* genannt) ist bei Humoristen sehr beliebt. Hier verwendet Pascal (französischer Philosoph) zweimal das Wort *raison*, zuerst in der Bedeutung von „Grund" und dann in der Bedeutung von „Vernunft".
Ein solcher Witz ist selbstverständlich nicht übertragbar.
Der Fall ist nicht neu. Es geht in der folgenden Übung um Wörter, die im Französischen mehrere Bedeutungen und daher im Deutschen mehrere Entsprechungen haben.

12

Übersetzen Sie die Sätze und tragen Sie anschließend die verschiedenen Bedeutungen des französischen Worts (fett gedruckt) in die Vokabelliste ein.

a Que fait un **hôte** en attendant ses **hôtes** ?

b Les **avocats** aiment-ils manger des **avocats** ?

c Mets le poisson au **frais** pour qu'il reste **frais**.

d La voiture n'est pas dans le **garage** ? – Non, je l'ai conduite au **garage**.

e Il est tellement **susceptible** qu'il est **susceptible** de se vexer.

f J'ai fait une **pile** de mes vieilles **piles**.

g Ne confondez pas un **bouton** d'acné et un **bouton** de rose.

h J'avais reçu la **consigne** de laisser mes bagages à la **consigne**.

i Mes **parents** ont reçu la visite de **parents** éloignés.

j Tu peux sortir le **filet** de bœuf de mon **filet** ?

k Signer un contrat d'**assurance** ne donne pas automatiquement de l'**assurance**.

l Une grande **baie** donne une vue magnifique sur la **baie** d'Audierne.

l'hôte, *m*	__________ / __________
l'avocat, *m*	__________ / __________
frais/fraîche	__________ / __________
conduire	fahren
le garage	__________ / __________
susceptible	__________ / __________
la pile	__________ / __________
le bouton	__________ / __________
les bagages, *m pl*	das Gepäck
la consigne	__________ / __________
les parents, *m pl*	__________ / __________
le filet	__________ / __________
le bœuf	der Ochse
l'assurance, *f*	__________ / __________
la baie	__________ / __________

127 Antonyme: Gegensätze ziehen sich (nicht immer) an.

Aufgrund der verschiedenen Bedeutungen (Polysemie), die Wörter in verschiedenen Verbindungen annehmen, haben sie unterschiedliche Gegensätze. Lernen Sie deswegen Vokabeln immer in Beispielsätzen.

Wählen Sie für jede Wendung die entsprechende gegensätzliche Aussage. Gleichen Sie jeweils das Adjektiv, wenn nötig, an.

a **mauvais** ≠ bon – beau – exact
1 Un mauvais temps n'est pas un *beau* temps.
2 Un mauvais calcul n'est pas un calcul __________.
3 Un mauvais caractère n'est pas un __________ caractère.

b **fin** ≠ épais – grossier – lourd
1 Une étoffe fine n'est pas __________.
2 Des cheveux fins ne sont pas __________.
3 Un esprit fin n'est pas __________.

c **léger** ≠ lourd – épais – chaud
1 Une couche de peinture légère n'est pas ________.
2 Un sac léger n'est pas ________.
3 Un vêtement léger n'est pas ________.

d **solide** ≠ liquide – incohérent – fragile
1 Un argument solide n'est pas ________.
2 Une nourriture solide n'est pas ________.
3 Une personne solide n'est pas ________.

e **fort** ≠ faible – mince – calme
1 Une femme forte n'est pas ________.
2 Une mer forte n'est pas ________.
3 Une voix forte n'est pas ________.

f **raide** ≠ frisé – doux – souple
1 Des cheveux raides ne sont pas ________.
2 Un danseur raide n'est pas ________.
3 Une pente raide n'est pas ________.

le calcul	die Rechnung
l'étoffe, *f*	der Stoff
l'esprit, *m*	der Geist
la couche	die Schicht
la peinture	die Farbe
la nourriture	die Ernährung
raide	steif
la pente	die Steigung

128 Synonyme : Gleich und gleich gesellt sich gern ...

Ersetzen Sie die in Klammern stehenden Wörter / Wendungen durch gleichbedeutende Ausdrücke aus dem Kasten, um den Originaltext wieder herzustellen. Gleichen Sie an.

la borne	absent	clocher	dégradé
constater	content	du succès	bicyclette
énerver	se rendre	problème	station
en circulation	amateurs	hors d'usage	découragé

Vélib' : Jamais (satisfaits) ____________ les Parisiens ?

Si vous n'avez pas de (vélo) ____________. Le vélo gris a toujours (la cote) ____________, mais les pannes (agacent) ____________. Les critiques montent chez les (adeptes) ____________ du Vélib'.
Scénario type : vous empruntez un vélo à sa borne et au premier coup de pédale vous (vous apercevez) ____________ que la chaîne a été arrachée.
Il y a souvent quelque chose qui (ne marche pas) ____________ : roue voilée, changement de vitesse (inutilisable) ____________, pneu crevé, phare cassé, freins (inexistants) ____________ etc.
(Dégoûté) ____________, vous poussez votre vélo jusqu'à (la station) ____________ et vous (vous dirigez) ____________ vers une station de métro.
Autre (souci) ____________ : le soir, souvent, il faut faire 3 ou 4 (bornes) ____________ avant de pouvoir ranger son Vélib'.

À Lyon, où le Vélib' existe depuis deux ans et demi, ce sont en moyenne 400 vélos qui sont (abîmés) ____________ chaque année, sur près de 4 000 vélos (en service) ____________.

le Vélib' → vélo en libre-service	*Fahrradleihsystem*
avoir la cote	beliebt sein
agacer	nerven / ärgern
monter	*hier* laut werden
l'adepte, *m/f*	der / die Anhänger/-in
la borne	die Station
le coup de pédale	der Tritt in die Pedale
s'apercevoir	merken
arracher	abreißen
la roue voilée	eine Acht
le changement de vitesse	die Gangschaltung
le pneu crevé	der Platten
le phare	*hier* das Licht
le frein	die Bremse
inexistant/-e	nicht vorhanden
dégoûté/-e	angewidert
se diriger	(in) Richtung ... gehen
le souci	die Sorge
en moyenne	durchschnittlich

129 Anglizismen: Noch mehr englische Freunde

Der Erfolg vieler englischer Wörter erklärt sich vermutlich daher, dass sie so schön kurz und treffend sind. Oft bezeichnen Sie auch etwas, was es im Französischen noch nicht gibt. In der nächsten Übung geht es um französische und englische Wörter, die miteinander konkurrieren.

Durch welches französische Wort können die englischen Wendungen (fett gedruckt) in den folgenden Sätzen ersetzt werden? Achten Sie auf den korrekten Artikel.

l'apparence – remue-méninges – une distribution – une pause – à bas prix – une anthologie – entraîneur – restauration rapide – le crédit-bail – une réunion d'information – la voiture partagée

a **Un casting** / _________________ juste, mais une mise en scène maladroite pour cette pièce de Molière.

b Toutes ces idées surprenantes et intelligentes sont apparues au cours d'une séance de **brainstorming** / _________________.

c Universal vient de distribuer **un best of** / _________________ des plus belles chansons de Johnny.

d Après la défaite, les joueurs ont chargé leur **coach** / _________________.

e Quand je sentirai l'inspiration diminuer, il sera temps pour moi de faire **un break** / _________________.

f Le kebab est devenu en quelques années, le numéro un du **fast-food** / de la _________________.

g Même si **le look** / _________________ de la ville a changé ces dernières années, Clermont-Ferrand reste la ville de Michelin.

h Les compagnies **low cost** / _________________, trop exposées à la hausse des carburants, ne sont pas un bon pari sur l'avenir.

i Lors d'**un briefing** / d'_________________ avec la presse, le Président s'est déclaré très satisfait des résultats de négociations.

j **Le carsharing** / _________________ se développe lentement en France.

k **Le leasing** / _________________ est une technique de financement qui présente de nombreux avantages.

la mise en scène	die Inszenierung
maladroit/-e	ungeschickt
apparaître → apparu	erscheinen → erschienen
la séance	die Sitzung
distribuer	auf den Markt bringen
charger quelqu'un	jemanden belasten
sentir	fühlen
diminuer	abnehmen
même si	auch wenn
ces dernières années	in den letzten Jahren
la compagnie	die Gesellschaft
la hausse	der Preisanstieg
le carburant	der Treibstoff
le pari	die Wette
la négociation	die Verhandlung

12

130 Redewendungen mit *coup*: *Ça vaut le coup.* Es lohnt sich.

Coup (Grundbedeutung: Schlag / Stoß) ist sehr wandlungsfähig, wie Sie gleich feststellen werden. Merken Sie sich am besten gleich: Die meisten der folgenden Wendungen mit *coup* gehören dem umgangssprachlichen Register an.

1 Übersetzen Sie die folgenden Wendungen mit *coup*. Welches der Verben aus dem Kasten ist jeweils bedeutungsgleich.

~~aider~~ – manger beaucoup – repasser – dessiner – préméditer – crier – vieillir – téléphoner – regarder – se recoiffer – frapper – s'enrhumer – être fatigué

a Je peux vous donner un coup de main ?
______________________ *aider*

b Je te passe un coup de fil demain.
______________________ ________

c Il a un sacré coup de crayon.
______________________ ________

d Si vous voulez bien jeter un coup d'œil.
______________________ ________

e Il m'a donné un coup de poing.
______________________ ________

f Il a pris un sacré coup de vieux.

g Vers midi, j'ai eu un coup de pompe.

h Il a un bon coup de fourchette.

i Tu peux passer un coup de fer sur ma veste ?

j Il a bien préparé son coup.

k J'ai pris un coup de froid.

l Il a poussé un coup de gueule.

m Il ne s'est même pas donné un coup de peigne.

2 Hier sind weitere gängige Wortverbindungen mit *coup*. Verbinden Sie.

a un coup de feu
b d'un seul coup
c un coup franc
d un coup de théâtre
e un coup de génie
f un coup de poignard
g un coup de pouce
h un coup de vent
i le coup de foudre
j boire un coup
k à coup sûr

1 ein Dolchstoß
2 ein Geniestreich
3 ein Windstoß
4 Liebe auf den ersten Blick
5 ein Freistoß
6 ganz sicher
7 eine (überraschende) Wende
8 einen trinken
9 auf Anhieb
10 eine Hilfe
11 ein Schuss

12

131 Aussprache: *Bon ouikinde !*

So hat Raymond Queneau spaßeshalber das englische Wort *week-end*, das mittlerweile zum französischen Grundwortschatz gehört, an die französische Schreibung angepasst. Tatsächlich sind einige Buchstabenkombinationen in den Anglizismen für französische Augen und Ohren etwas befremdend.
Einige englische Wörter können im Französischen Ausspracheprobleme bereiten. Wer kein Englisch kann, weiß oft nicht, wie diese Wörter auszusprechen sind. Aber auch wer Englisch kann, wird sich manchmal wundern, denn sie werden nicht immer wie in der Herkunftssprache gesprochen.

Wie werden die folgenden Wörter ausgesprochen? Markieren Sie die richtige Alternative. Bei einigen Wörtern sind beide Aussprachen erlaubt.

a	club	[klœb]	[klub]
b	yacht	[jɔt]	[jat]
c	handball	[ɑ̃dbɔl]	[ɑ̃dbal]
d	football	[futbɔl]	[futbal]
e	clown	[klun]	[klon]
f	leader	[ledœʀ]	[lidœʀ]
g	start up	[staʀtœp]	[staʀtap]
h	design	[dizajn]	[dezajn]
i	flirt	[fliʀt]	[flœʀt]
j	job	[dʒɔb]	[ʒɔb]
k	gadget	[gadʒɛt]	[gadʒe]
l	jean	[ʒin]	[dʒin]
m	music-hall	[mjuzik'ɔl]	[myzikol]
n	reporter	[ʀ(e)pɔʀtɛʀ]	[ʀ(e)pɔʀtœʀ]
o	sandwich	[sɑ̃dwiʃ]	[sɑ̃dwitʃ]
p	people	[pipœl]	[pipɔl]
q	jersey	[dʒɛʀzɛ]	[ʒɛʀzɛ]
r	drink	[dʀink]	[dʀɛ̃k]
s	mail	[mɛjl]	[mɛl]
t	break	[bʀɛk]	[bʀɛjk]
u	suspense	[syspɛns]	[syspɑ̃s]

132 *Mots croisés*: Synonyme

Hier geht es darum, die umgangssprachliche Variante des unterstrichenen Verbs zu finden. Tragen Sie anschließend den Infinitiv des Verbs in das Gitter ein.

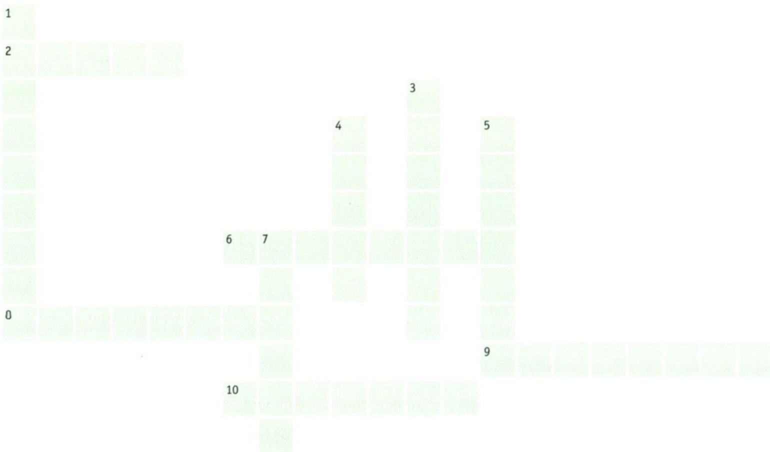

Horizontalement

2 Il a obtempéré / ______________ tout de suite.
6 J'exècre / Je ______________ l'arrogance.
8 Le maire nous a accueillis / ______________ très chaleureusement.
9 Il a été licencié / ______________ pour faute professionnelle.
10 Il a cessé de fumer / ______________ il y a cinq ans.

Verticalement

1 C'est encore loin, poursuivons / ______________ notre marche.
3 Depuis combien de temps demeurez-vous / ______________ -vous dans cette ville ?
4 As-tu été rémunéré / ______________ pour ton stage ?
5 C'est incroyable ce qu'il peut m'agacer / m'______________.
7 Qui a rédigé / ______________ ce rapport ?

13

133 Bürger: *Aux armes, citoyens !*

Aux armes, citoyens ... so fängt der Refrain der französischen Nationalhymne *La Marseillaise* an. Der *citoyen*, der hier zu den Waffen greifen soll, ist der Bürger als politisch Handelnder.
Mit *bourgeois* wird der Bürger als Angehöriger seiner sozialen Klasse (der Bourgeoisie) gesehen. Man unterscheidet zwischen dem *grand bourgeois* und dem *petit bourgeois* (der Spießer). Letzterer ist, auch in Frankreich, immer Objekt leiser Verachtung.
Der Bürger als Stadtbewohner heißt einfach *l'habitant*.
Eine Bürgerinitiative ist *un comité de défense* oder *un groupement de citoyens*.

Kennen Sie den *bobo*? Das ist eine Neubildung zur Kennzeichnung eines neuen städtischen Typus, des ***bo**urgeois **bo**hème*, des Bürgers als Bohemien.

Welches Wort passt hier am besten: *citoyen, bourgeois, habitant* oder *bobo*?

a Les ________________ des pays de l'Union européenne sont mal informés sur les autres pays.
b Un ________________, plutôt conservateur et conformiste, mène une vie plutôt désordonnée.
c Il faut sensibiliser les ________________ à la nécessité d'économiser l'énergie pour lutter contre les changements climatiques.
d La Charte des droits fondamentaux comprend 54 articles sur les droits du ________________.
e Tous les ________________ de la ville ont été informés par courrier.
f Une très grande majorité de ________________ européens sont opposés aux OGM dans les champs et les assiettes.
g Il cherche dans tous ses écrits à choquer le ________________.
h Tout ________________ a droit à un procès équitable.
i Son enfance l'a rendue allergique aux déjeuners familiaux du dimanche et aux ________________ de province.
j Dans ses livres, il s'en prend souvent aux ________________ intellos.
k Les ________________ de la Ville décideront de la suite des événements.
l Je suis un ________________ du monde.

une vie désordonnée	ein ungeregeltes Leben
la nécessité	die Notwendigkeit
économiser	sparen
lutter	(be)kämpfen
le changement climatique	der Klimawandel
le droit fondamental	das Grundrecht
comprendre	*hier* zählen / enthalten
par courrier	durch ein Schreiben
l'OGM, *m* **→ organisme génétiquement modifié**	der genmanipulierte Organismus
le champ	der Acker / das Feld
avoir droit à	Anspruch haben auf
équitable	gerecht
l'événement, *m*	das Ereignis

134 Machen: Ein Verb *à tout faire*

„Machen" heißt *faire*, das weiß jeder. Aber in vielen Wendungen wird „machen" nicht mit *faire* übersetzt. In der nächsten Übung haben Sie die Gelegenheit, einige dieser Wendungen kennen zu lernen und dadurch in Zukunft den gröbsten Übersetzungsnöten zu entkommen.

Übersetzen Sie die folgenden Sätze. Verwenden Sie dazu Verben aus dem Kasten. Nur in drei Fällen können Sie *faire* einsetzen.

remplir – rendre – travailler – participer – causer – se compliquer – prendre – intéresser – commencer – nettoyer – guérir – passer (2 ×) – faire (3 ×) – s'asseoir – jouer – préparer

a Wir machen Urlaub in Spanien.

____

b Morgen machen wir blau.

____

c In einer Woche macht sie den Führerschein.

d Das macht mir Sorgen.

e Das macht mich krank.

f Wann machst du Urlaub?

g Sie macht sich das Leben schwer.

h Soll ich dein Glas voll machen?

i Also gut, ich mache den Anfang ...

j Wie viel macht das?

k Machen Sie es sich bequem!

l Nimm das, das wird dich gesund machen.

m Was kann man dagegen machen?

n Ich mache mir nichts aus Geld.

o Ich habe dir einen Kräutertee gemacht.

p Gut gemacht!

q Es macht mir überhaupt nichts aus.

r Er will nie mitmachen.

s Ich habe das Auto sauber gemacht.

le permis (de conduire)	der Führerschein
le souci	die Sorge
l'infusion, *f*	der Kräutertee

135 Sollen / müssen: „Soll ich ...?" – „Du musst!"

„Müssen" und „sollen" (als Ausdruck eines Zwangs oder einer Notwendigkeit) entsprechen im Französischen *devoir* und *falloir*:
Ich muss morgen arbeiten. *Je dois travailler demain. / Il faut que je travaille demain.*
Du sollst zuhören. *Tu dois écouter. / Il faut que tu écoutes.*
Die Wendung *il faut que* ... ist in der Umgangssprache sehr gebräuchlich.
Devoir und *il faut*, ohne weiteres Verb verwendet, ändern ihre Bedeutung:
Il faut de la patience. Man **braucht** Geduld.
Je te dois encore 10 euros. Ich **schulde** dir noch 10 Euro.

1 Verwenden Sie beim Übersetzen der folgenden Sätze „müssen" oder „sollen". Markieren Sie dann in den französischen Wendungen die jeweiligen Entsprechungen von „müssen" oder „sollen".

a Il faut que je parte. ____________________
b Il devrait bientôt téléphoner. ____________________
c Je n'ai pas pu m'empêcher de rire. ____________________
d De quoi vivrons-nous ? ____________________
e Il le faut. ____________________
f Nous devons être prudents. ____________________
g Ça doit être désagréable. ____________________
h Voulez-vous que je rappelle plus tard ? ____________________
i Tu n'es pas obligé de rester. ____________________

prudent/-e	vorsichtig
désagréable	unangenehm
rappeler	noch einmal anrufen

2 Verbinden Sie.

a	Er soll reinkommen.	1	Il me faut du temps.
b	Was soll das?	2	Tu n'es pas obligé.
c	Ich muss (mal).	3	Tu ne voleras pas.
d	Du musst nicht.	4	Tu me dois quinze euros.
e	Ich brauche Zeit.	5	Qu'est-ce que ça signifie ?
f	Ich verdanke ihnen viel.	6	Je leur dois beaucoup.
g	Du sollst nicht stehlen.	7	Qu'il entre.
h	Du schuldest mir 15 Euro.	8	J'ai envie de faire pipi.

136 Wählen: Mit „wählen" haben Sie die Qual der Wahl!

Voter und *élire* haben beide mit Wahlen zu tun und entsprechen dem deutschen Verb „wählen". ***Voter*** bedeutet aber „abstimmen" oder „stimmen für" (*Tu votes pour qui ?* Für wen stimmst du?), während ***élire*** als transitives Verb „durch Abstimmung wählen" bedeutet (*Nous élisons notre président demain.* Morgen wählen wir unseren Präsidenten.).
„Wählen" in der Bedeutung von „auswählen" wird mit ***choisir*** übersetzt.
Beachten Sie: Welche Nummer hast du gewählt? *Quel numéro as-tu composé ?*

1 *Choisir, voter, élire, composer*? Ergänzen Sie das Verb, gleichen Sie es an und verbinden Sie die französischen Sätze mit ihren deutschen Übersetzungen.

a	Il a été ___________ au premier tour.	1	Haben Sie gewählt?
b	La France ___________ le mois prochain.	2	Ich habe einen ungültigen Wahlzettel abgegeben.
c	J'ai ___________ un mauvais numéro.	3	Ich habe „Nein" gewählt.
d	Ils ont ___________ les délégués de classe.	4	Er wurde im ersten Wahlgang gewählt.
e	J'ai ___________ blanc.	5	Ich habe diesmal nicht gewählt.
f	Vous avez ___________ ?	6	Ich habe eine falsche Nummer gewählt.
g	J'ai ___________ « non ».	7	Sie haben die Klassensprecher gewählt.
h	Je n'ai pas ___________ cette fois-ci.	8	Frankreich wählt nächsten Monat.

Dieselbe Unterscheidung gilt für die von diesen Verben abgeleiteten Substantive: *le choix* (die Auswahl), *le vote* (die Abstimmung) und *l'élection* (die Wahl).

2 Setzen Sie das passende Substantiv ein und verbinden Sie die französischen Ausdrücke mit ihrer deutschen Entsprechung.

a	le ___________ à bulletin secret	die Briefwahl
b	les résultats des ___________	die geheime Wahl
c	le bureau de ___________	freie Wahlen
d	le ___________ des armes	der Wahlzettel
e	le ___________ par correspondance	die erste Wahl
f	les ___________ présidentielles	die Präsidentschaftswahlen
g	le premier ___________	die Wahlergebnisse
h	faire son ___________	das Wahllokal
i	des ___________ libres	seine Wahl treffen
j	le bulletin de ___________	die Wahl der Waffen

137 *Pièce: « Echange pièce en trois actes contre deux pièces cuisine. »*

(Tausche Stück in drei Akten gegen zwei Zimmer und Küche.)
Hier spielt der Autor (Pierre Dac) mit der Mehrdeutigkeit des französischen Wortes *pièce*, das sowohl „Stück" als auch „Zimmer" bedeutet. Der Witz dieser Anzeige geht in der Übersetzung leider verloren.

Ergänzen Sie die Sätze jeder Serie mit jeweils einem der im Kasten stehenden Wörter und fügen Sie die deutschen Entsprechungen hinzu.

> bureau – rayon – apprendre – bombe – chaîne – pièce

a Les ___________ de soleil sont de plus en plus dangereux. ___________
Où est le ___________ épicerie, s'il vous plaît ? ___________
Il a mis son pied dans les ___________ du vélo. ___________
Les ___________ de cette bibliothèque sont difficilement accessibles. ___________

b J' __________ le français depuis 5 ans. __________
C'est lui qui m'a __________ à nager. __________
J'ai __________ la nouvelle par le journal. __________

c Pose les livres sur mon __________, s'il te plaît. __________
Vous pouvez acheter des timbres dans un __________ de tabac. __________
Je vais installer un coin visiteurs dans mon __________. __________
Nos __________ sont ouverts du lundi au vendredi. __________

d Il manque une __________ à ce jeu d'échec. __________
J'habite dans un appartement de trois __________. __________
Veuillez fournir les __________ justificatives à votre demande. __________
Je n'ai pas de __________ de 1 € pour la consigne. __________

e Il a travaillé à la __________ toute sa vie. __________
Il y a un film super sur la 3e __________. __________
De là, on a une vue magnifique sur la __________ des Pyrénées. __________

f N'oublie pas ta __________ si tu vas au cheval. __________
On met en garde contre l'utilisation de __________ désodorisantes. __________
La __________ déposée dans le train n'a heureusement pas explosé. __________

accessible	erreichbar
la nouvelle	die Neuigkeit
le timbre	die Briefmarke
le coin visiteurs	die Besucherecke
la vue	die Aussicht
mettre en garde	warnen
l'utilisation, ***f***	der Gebrauch
déposer	deponieren

138 *Ville / cité*: Im Dschungel der Städte

Das deutsche Wort „Stadt" und die von ihm abgeleiteten Substantive haben im Französischen unterschiedliche Entsprechungen. Hier einige Beispiele:

- die **Stadt**bevölkerung = *la population **urbaine***
- die **Stadt**verwaltung = *la **municipalité***
- die **Stadt**bewohner = *les **citadins***
- die Schlaf**stadt** = *la **cité**-dortoir*

Une citadine bezeichnet sowohl die Stadtbewohnerin als auch ein Auto, das der Stadt gut angepasst ist (klein, sparsam usw.).
Cité bezeichnet sowohl die Altstadt als auch neue Siedlungen, die am Rande der Stadt entstehen.
„Städtisch" oder Bildungen mit „Städte-" werden je nach Kontext mit *citadin*, *urbain* oder *municipal* wiedergegeben.
In den folgenden Übungen lernen Sie gebräuchliche Kollokationen rund um das Thema „Stadt" kennen.

1 Welches der Wörter im Kasten gibt das deutsche Wort „Stadt" in den folgenden Sätzen am besten wieder? Ergänzen Sie.

citadine – municipalité – citadins – cité (2 ×) – Cité – municipale – urbaines – villes – urbanisme

a Le problème du stationnement dans le centre des ________________ n'est toujours pas résolu.
b Le rhume des foins ne suffit pas à expliquer pourquoi tant de ________________ toussent, éternuent, se plaignent de maux de tête.
c La ________________ souhaite limiter la circulation aux bus.
d Les jeunes des ________________ ont-ils des raisons de penser que la police est leur ennemie ?
e Nous devons développer un ________________ qui favorise davantage la mixité sociale.
f Les étudiants ont de plus en plus de mal à se loger : moins de 7% bénéficient d'une chambre en ________________ universitaire.
g Il a été arrêté suite à un contrôle de routine effectué par la police ________________.
h Les violences ________________ n'ont pas du tout reculé.

i Renault espère inciter les familles qui ont une voiture traditionnelle à l'achat d'une ________________ électrique.

j Nous voulions visiter la ________________ de Carcassonne, mais nous avons renoncé.

le stationnement	das Parken
résoudre → résolu	lösen → gelöst
le rhume des foins	der Heuschnupfen
tousser	husten
éternuer	niesen
se plaindre de	klagen über
la circulation	der Verkehr
davantage	mehr
se loger	unterkommen
être arrêté/-e	festgenommen werden
reculer	zurückgehen
inciter	*hier* verführen
renoncer	verzichten

2 Verbinden Sie zunächst die beiden französischen Spalten und ordnen Sie die Begriffe dann ihrer deutschen Übersetzung zu.

a	les élections	interdite	städtische Verkehrs-betriebe
b	la vieille	urbain	verbotene Stadt
c	la cité-	municipales	Altstadt
d	l'exode	jardin	Stadtflucht
e	les transports	natale	Gartenstadt
f	la Cité	ville	Kommunalwahlen
g	la ville	urbains	Geburtsstadt

139 Präpositionen: Vermischtes

In den folgenden Kurzmeldungen aus französischen Zeitungen fehlen die Präpositionen. Fügen Sie sie ein und ergänzen Sie anschließend die Vokabelliste.

1

après – dans (3 ×) – le long de – à – au – de – avant – par (2 ×) – en

Un cambriolage a été commis _______ la nuit _______ mercredi _______ jeudi _______ le magasin de vêtements _______ coin de la rue du Marché et de la Place Victor Hugo. _______ avoir cassé la vitrine, les voleurs ont dérobé tout un stock de vestes _______ cuir _______ de prendre la fuite. Le véhicule a été retrouvé _______ hasard quelques heures plus tard, _______ la rue Joseph Bara, _______ la voie ferrée. Une enquête a été ouverte _______ la police municipale.

le cambriolage	der Einbruch
commettre → commis	begehen → begangen
___ coin de la rue	an der Straßenecke
la vitrine	das Schaufenster
dérober	stehlen
___ cuir	aus Leder
prendre la fuite	die Flucht ergreifen
___ hasard	zufällig
le long de	entlang
l'enquête, ***f***	die Untersuchung
municipal/-e	städtisch / kommunal

2

sur (2 ×) – en (2 ×) – à (2 ×) – selon – durant

Un accident s'est produit dimanche ______ fin d'après-midi ______ l'autoroute A 6 ______ hauteur de Besançon. Deux voitures sont entrées ______ collision. ______ les pompiers, un passager a été tué ______ le coup et trois autres personnes ont été grièvement blessées. A la suite de cet accident, l'autoroute a été fermée ______ quelques temps ______ la circulation.

se produire	sich ereignen
___ fin d'après-midi	am späten Nachmittag
___ hauteur	auf der Höhe von
entrer en collision	zusammenstoßen
les pompiers	die Feuerwehr
le passager	der Beifahrer
___ le coup	sofort
grièvement blessé/-e	schwer verletzt
durant	während
la circulation	der Verkehr

140 Paronyme: Zum Verwechseln ähnlich

J'ai une préposition à vous faire ... euh pardon, je veux dire une proposition ... *Préposition* und *proposition* sind sogenannte Paronyme, Wörter mit unterschiedlicher Bedeutung, die sich entweder in der Schreibung oder in der Aussprache sehr ähneln, was zu vielen Verwechslungen führt, übrigens auch bei manchen Franzosen ...

1 Markieren Sie in den Sätzen den passenden Ausdruck. Ergänzen Sie anschließend die Vokabelliste.

a Il vivait dans le (dénuement / dénouement) le plus complet.
b Je ne reçois aucune (allocation / allocution) de logement.
c Elle s'est montrée toujours très (prodige / prodigue) envers ses amis.
d Je n'ai jamais eu (l'intention / l'attention) d'y aller.
e J'ai (recouvré / recouvert) la vue à la suite de mon opération.
f Cette région est (infestée / infectée) par les moustiques.
g Méfie-toi de ces champignons, ils sont (vénéneux / venimeux).

le dénuement	______
le dénouement	das Ende
l'allocation, *f*	______
l'allocution	die Rede
prodige	genial
prodigue	______
l'intention, *f*	______
l'attention, *f*	die Aufmerksamkeit
recouvrer	______
recouvrir	bedecken
infesté/-e	______
infecté/-e	infiziert
vénéneux/-euse	______
venimeux/-euse	giftig

2 Übersetzen Sie die folgenden Sätze mit Hilfe der in der vorigen Übung nicht verwendeten Wörter.

a Die Viper ist eine sehr giftige Schlange.

____

b Die Wunde hat sich infiziert.

____

c Nach der Rede des Bürgermeisters sind wir alle gegangen.

____

d Ich habe das Ende dieser Geschichte niemals erfahren.

____

e Der Schnee hatte alles bedeckt.

____

f Mozart war ein Wunderkind.

____

g Ich danke Ihnen für Ihre Aufmerksamkeit.

____

le maire	der Bürgermeister
apprendre	*hier* erfahren
remercier	danken

141 Redensarten: Wir empfehlen uns auf Französisch.

Die Deutschen empfehlen sich auf Französisch, die Franzosen auf Englisch (*à l'anglaise*).
Redewendungen sind ein wichtiger Bestandteil einer Sprache. Außerdem sind sie meistens so bildhaft, dass man sie sich leicht merken kann. In der folgenden Übung dürfen Sie Ihre Lust an solchen bildhaften Wendungen ausleben ...

In der linken Spalte finden Sie kurze Situationsbeschreibungen. Welche Redewendungen (rechte Spalte) passen zu diesen Situationen?

a Vous vous êtes levé tard.
b Vous avez appris une bonne nouvelle.
c Vous rentrez très fatigué de votre journée.
d Vous êtes absolument sûr de quelque chose.
e Vous n'êtes pas très en forme.
f Vous avez rencontré un problème.
g Vous ne trouvez pas la solution d'une énigme et vous voulez connaître la réponse.
h Vous n'êtes pas allé à l'école.
i Vous avez trop bu et mal à la tête.
j Vous essayez un vêtement qui vous va très bien.
k Vous commencez à vous énerver.
l Vous vous sentez un peu déprimé.
m Vous avez perdu connaissance.
n Vous avez été très effrayé.
o Vous n'avez pas été informé.
p Vous n'aimez pas monter sur un bateau.

1 Ça me va comme un gant.
2 J'ai eu une peur bleue.
3 Je suis tombé dans les pommes.
4 Je n'étais pas au courant.
5 Je n'ai pas le pied marin.
6 J'en mettrai ma main au feu.
7 La moutarde me monte au nez.
8 Ça s'arrose !
9 J'ai le cafard.
10 J'ai fait l'école buissonnière.
11 Je ne suis pas dans mon assiette.
12 J'ai fait la grasse matinée.
13 J'ai la gueule de bois.
14 Je suis sur les genoux.
15 Je donne ma langue au chat.
16 Je suis tombé sur un os.

sûr/-e de	sicher
être en forme	fit sein
rencontrer un problème	auf ein Problem stoßen
l'énigme, *f*	das Rätsel
se sentir	sich fühlen
perdre connaissance	in Ohnmacht fallen
effrayé/-e	erschrocken
le gant	der Handschuh
le cafard	die Küchenschabe
la gueule	die Schnauze

142 Polysemie: *Nos patients sont moins patients qu'avant.*

Um diesen Satz richtig zu übersetzen, müssen Sie die verschiedenen Bedeutungen des Wortes *patient* („Patient" und „geduldig") und den Kontext gut kennen. Hier geht es also wieder um Wörter, die je nach Kontext im Französischen unterschiedliche Bedeutungen haben können.

Lesen Sie die folgenden Definitionen. Um welches Wort aus dem Kasten geht es jeweils?

la coupe	la pêche	l'éclair	la carrière	le volant
l'héroïne	la raquette	l'objectif	le cadre	la caisse

a un objet pour renvoyer une balle ______
une semelle large pour marcher dans la neige
b un fruit à noyau dur, à chaire blanche ou jaune ______
action d'attraper des poissons
c élément d'un appareil-photo ou d'une caméra ______
but que l'on se propose d'atteindre
d entoure une photo, un tableau ou un miroir ______
il a, au sein de l'entreprise, certaines responsabilités
e une grande boîte, en général en bois ______
endroit où l'on paie dans un magasin
f un objet léger, utilisé pour jouer au badminton ______
ce que tient le conducteur d'une voiture, par exemple
g une drogue dure ______
le personnage féminin principal d'une œuvre
h lumière très forte, de très courte durée
pâtisserie de forme allongée, à base de pâte à chou et de crème ______
i elle est souvent en cristal quand on y verse du champagne ______
le prix remporté par le vainqueur d'une compétition sportive
j endroit d'où l'on extrait des pierres, par exemple ______
l'évolution professionnelle

renvoyer	zurückschicken
la semelle	die Sohle
le noyau	der Kern
attraper	fangen
atteindre un but	ein Ziel erreichen
entourer	einrahmen
au sein de l'entreprise	innerhalb des Unternehmens
la boîte	die Schachtel / die Dose
le conducteur	der Fahrer
le personnage	die Figur
la pâtisserie	*hier* das Gebäck
la pâte à chou	der Brandteig
verser	hineingießen
remporter un prix	einen Preis gewinnen

143 Polysemie: Ursprüngliche oder übertragene Bedeutung?

Die meisten Wörter können in ursprünglicher (meist konkreter) oder übertragener (abstrakter) Bedeutung verwendet werden. Um solche Wörter geht es in der folgenden Übung.

In allen drei Beispielen einer Serie muss jeweils ein einziges Verb verwendet werden. Wählen Sie aus dem Kasten das jeweils passende Verb und tragen Sie es in der korrekten Form ein. Ergänzen Sie anschließend die Vokabelliste.

courir	marcher	poser	tenir
fermer	tirer	porter	prendre

a 1 On __________ un kilo de bananes ?
2 Elle a refusé de __________ parti.
3 Il __________ un bain tous les soirs.

b 1 Ne __________ pas trop fort sur la corde.
2 L'automne __________ à sa fin.
3 Il n'y a rien à __________ de cet enfant.

c 1 Tu peux __________ la porte, s'il te plaît ?
2 Ils ont __________ les frontières.
3 N'oublie pas de __________ le gaz et l'eau avant de partir.

d 1 Tu peux __________ mon sac, s'il te plaît ?
2 N'oublie pas de me __________ au courant.
3 Cette voiture __________ bien la route.

e 1 Il gagne toujours, il __________ plus vite que moi.
2 Il y a un bruit qui __________ selon lequel il serait déjà marié.
3 Ça ne __________ pas les rues, c'est assez rare en effet.

f 1 Cela ne __________ aucun problème.
2 Nous avons __________ de la moquette dans l'appartement.
3 __________ ton sac par terre, si tu veux.

g 1 Cela ne m'a pas __________ chance, au contraire.
2 Puis-je vous aider à __________ cette valise ?
3 Sur quoi __________ votre discussion ?

h 1 La télé est encore en panne ! – Ah bon ? Hier, elle __________.
2 J'ai commencé à __________ à 10 mois.
3 Alors, il a __________ ? – Non, cette fois-ci, il ne m'a pas cru.

__________ parti	Partei ergreifen
la corde	das Seil
__________ le gaz	das Gas abstellen
__________ au courant	auf dem Laufenden halten
__________ la route	gut auf der Straße liegen
selon	nach / gemäß
__________ les rues	sehr gebräuchlich sein
__________ problème	Probleme aufwerfen
__________ chance	Glück bringen
cette fois-ci	diesmal
croire → cru	glauben → geglaubt

144 Wortspiele: Sehr beliebt in Frankreich

Die Polysemie der Wörter eröffnet viele Möglichkeiten, die Presse und vor allem die Werbung sind in der Erfindung von Wortspielen sehr produktiv.
In der folgenden Übung können Sie einige Slogans kennen lernen, deren Sinn sich oft erst nach einer gründlichen Entzifferung erschließen lässt.

Die folgenden Zeitungsüberschriften oder Werbesprüche spielen mit den Wörtern.

Sarkozy cause, les Français **trinquent**.

La France **couverte de bleus**.

(après la victoire de la droite aux élections)

J'adore les enfants, mais pas sur les bras.

(publicité pour un club de vacances)

Le monde est à tout le monde.

(publicité pour une agence de voyages)

Du yaourt, de fruits des fibres. Les gourmands ont du pot.

Apéro : les verres de contact

J'ai très envie d'une nouvelle salle de bains mais sans douche froide à l'arrivée.

Les boulangers ont du pain sur la planche.

1 Tragen Sie zunächst die ursprüngliche Bedeutung der folgenden Wörter ein.

a le pot __________
b bleu* __________
c le monde __________

* „Blau" ist auch die Farbe der konservativen Partei UMP.

d trinquer ______________
e la douche ______________
f le bras ______________
g le contact ______________
h le pain ______________
i la planche ______________

2 Ordnen Sie nun die Wendungen links, die die Wörter aus Übung 1 enthalten, den Umschreibungen in der rechten Spalte zu.

a avoir du pot	1 une chose très désagréable
b être couvert de bleus	2 avoir beaucoup de travail
c tout le monde	3 avoir la peau meurtrie
d trinquer	4 lentilles pour corriger la vue
e une douche froide	5 chacun
f avoir sur les bras	6 avoir de la chance
g le verre de contact	7 devoir s'occuper
h avoir du pain sur la planche	8 subir des désagréments

145 *Mots croisés*: Deutsches Wort → mehrere französische Wörter

Gesucht wird die zweite französische Entsprechung eines deutschen Begriffs, der in Klammern jeweils angegeben ist. Die erste Entsprechung ist jeweils unterstrichen.

Horizontalement

3 **Birne** → Bientôt, c'est la saisons des poires. J'adore ce fruit. / Je n'utilise que des __________ de faible consommation.

5 **Hahn** → Ce coq qui chante dès l'aube, c'est horrible ! / Il faut faire venir le plombier : le __________ goutte.

8 **Strauß** → As-tu déjà mangé de la viande d'autruche ? / Je lui ai offert un beau __________ de fleurs.

10 **Rezept** → J'ai acheté un livre de recettes très simples. / Ce médicament ne se délivre que sur __________.

11 **Mutter** → On ne devrait jamais jurer sur la tête de sa mère. / La bombe était remplie de boulons et d'__________.

12 **Schuld** → Ce n'est pas de ma faute si tu n'as pas réussi. / J'ai enfin remboursé toutes mes __________.

Verticalement

1 **Flügel** → Au milieu de la salle trônait un magnifique piano à queue. / Cet oiseau a une __________ cassée.

2 **Tor** → Les quatre portes des remparts sont habitées aujourd'hui. / C'est un joueur excellent : il a marqué trois __________.

4 **Feder** → Ce jouet ne marche plus : il n'y a plus de ressort. / Je suis allergique aux __________ d'oie.

6 **Brücke** → Juste après la place, il y a un pont. Et c'est là. / Le dentiste peut vous recommander un __________, s'il vous manque une ou plusieurs dents.

7 **Uhr** → Il est exactement trois heures cinq. / Je crois que j'ai perdu ma __________.

9 **Post** → Je passe à la banque et puis à la poste. / Y a-t-il du __________ pour moi ?

L

Übung 1

a anciens
b vieille
c ancienne
d âgée/vieille
e vieux/vieille
f Ancien
g âgées
h ancienne
i vieille
j ancien
k ancienne
l âgées
m aînée
n vieux / âgé
o l'aîné/-e
p ancienne

Übung 2

1

a habille
b mets
c enlever
d Déshabille
e mets
f s'habille
g habille
h s'habiller
i enlever
j s'habiller
k déshabiller
l mettre
m s'habiller
n mets
o s'habiller

2

a De nos jours, chacun peut s'habiller comme il veut.
b Il a enlevé sa veste et ses gants.
c Elle s'est déshabillée et elle est allée tout de suite au lit.
d Il est sorti sans mettre son manteau. / et il n'a pas mis de manteau.
e Tu peux habiller les enfants, ce matin ?
f Je ne sais pas quoi mettre aujourd'hui.

Übung 3

1

a Il a épousé
b Je me suis marié
c Ils se sont mariés
d me marier
e marier
f Elle a épousé
g On l'a mariée

2

a Nous sommes mariés depuis dix ans.
b Ma sœur ne s'est jamais mariée.
c Elle a épousé un imbécile.
d Je ne me marierai jamais.
e Nous nous sommes mariés à la mairie.
f Je n'aurais jamais dû épouser cet homme.
g Qui vous a mariés ?

Übung 4

a Il y avait de la neige partout.
b Je me suis acheté des **chaussures de sport**.
c Donnez-moi un **morceau de fromage**, s'il vous plaît.
d Il est déjà au lit. / Il est déjà couché.
e Le chou-fleur côute deux euros pièce.
f Tu manges **beaucoup trop**.
g Nous avons **beaucoup** ri.
h C'est bientôt mon anniversaire.
i Et là, c'est notre **chambre (à coucher)**.
j A gauche, il y a une table.
k Il n'y avait que **quelques personnes**.
l Prendre deux comprimés avant le petit-déjeuner.
m J'ai vingt ans.
n Je ne bois pas de bière. – **Moi non plus**.
o Tu travailles **toujours** chez Siemens ?
p Nous avons acheté notre voiture il y a trois ans.
q Je téléphone la semaine prochaine.

Übung 5

1

a Mit dem Fahrrad ist man schneller als mit dem Auto.
b Wir waren diesen Sommer in den USA.
c Diese Farbe passt sehr gut zu deinem Teint.
d Wir sehen uns morgen. Passt es dir?
e Dieser Hut steht mir überhaupt nicht.
f Also, ich gehe jetzt.
g Das Auto vor uns fährt zu langsam.
h Wie gehen die Geschäfte?
i Diese Straße führt zur Post.
j Klappt es mit dem Studium?
k Wir werden nächsten Monat umziehen.
l Es geht um deine Gesundheit.

2

a Qu'est-ce qui ne va pas ?
b Il va à quelle école ? À quelle école va-t-il ?
c Je passerai demain. Ça vous va ?
d Cette couleur vous va très bien.
e Nous allons demain à Paris.
f Il doit être prudent. Il y va de sa carrière.
g Rien ne va plus !
h Cette clé ne va pas avec cette serrure.

Übung 6

1

a Ich war heute Morgen in der Bäckerei.
b Ich glaube, dass sie mich mit ihrem Schnupfen angesteckt hat.
c Mach dir keine Sorgen, es wird vorübergehen.
d Ich schaue gern zu, wie die Leute vorübergehen.
e Jetzt müssen wir zu etwas anderem übergehen.
f Wir haben vierzehn Tage in Griechenland verbracht.
g Sie wird gerade noch in die elfte Klasse versetzt.
h Ich frage mich, wo meine Brille geblieben ist.

2

a Je passe le permis de conduire la semaine prochaine.
b Qu'est-ce qui se passe? / Que se passe-t-il ?
c Peux-tu me passer / Tu peux me passer le pain, s'il te plaît ?
d Il est passé sous une voiture.
e Le temps passe lentement quand on attend.
f Vous pouvez passer directement à la caisse.
g Il passe chaque matin devant ma maison.
h Merci beaucoup. J'ai passé une excellente soirée.
i J'ai passé mon enfance dans une petite ville.

Übung 7

1

a chez
b chez
c à
d chez
e à
f à
g à
h chez

2

a chez
b –
c –
d –
e de chez le
f à / chez
g –
h à
i –

Übung 8

a dealer
b un parking
c spam
d job
e sponsor
f chatter
g audimat
h crash
i attractif
j look
k cool
l zapper
m fax
n hold-up
o start up
p manager
q mail
r shopping
s flirt

Übung 9

1

a Ich habe vor drei Tagen angerufen. / vor
b Seine / Ihre Mutter ist vor sechs Jahren gestorben. / vor
c Da ist eine Dame, die Sie sehen möchte. / da ist
d Ein Tisch steht mitten im Zimmer. / steht
e Es gibt Leute, die so etwas mögen. / es gibt
f Es sind viele Leute da. / es sind

2

a Qu'est-ce qu'il y a à manger aujourd'hui ?
b Il y a déjà longtemps que je ne l'ai pas vu.
c Il y a une voiture devant la porte du garage.
d Il n'y a presque personne.
e Est-ce qu'il y a / Y a-t-il un supermarché près d'ici ?
f Il est passé il y a une heure.
g Il y a quelqu'un qui a téléphoné.
h Je me suis mariée il y a deux ans.
i Il y a trois possibilités ...
j Il y a toujours des fleurs sur son bureau.
k Il n'y a plus de lait dans le réfrigérateur.
l Est-ce qu'il y a / Y a-t-il du courrier pour moi ?

Übung 10

1

[s] poisson; adresse; sable; sucre; solide
[z] réaliser; poison; plaisir; jalousie; raser

2

déçu; morceau; glaçon; cerise; façade; ciment; race; recevoir

3

ohne Lösung

Übung 11

Horizontalement	**Verticalement**
3 pièces	1 oiseaux
7 légumes	2 magasins
9 monuments	4 saisons
10 arbres	5 professions
11 poissons	6 fleurs
12 vêtements	8 fêtes

Übung 12

a aller chercher
b venir le chercher
c vient me chercher
d vais chercher
e aller chercher
f viens te chercher
g avons envoyé chercher
h suis allé
i aller chercher
j Va chercher
k venir te chercher
l aller chercher
m venu te chercher

Übung 13

1

a Il neige.
b Je ne le savais pas.
c Cela / Ça me plaît beaucoup.
d Qui est-ce ?
e Il n'y a pas de poste ici.
f Il est tard.
g Tu le vois bien.
h On raconte qu'il est parti.
i Ce n'est pas urgent.
j J'ai essayé. Ça ne marche pas.

2

a Ce
b Ça
c J'en
d Il
e Ce
f le jure
g On

Übung 14

1

a Nous proposons des chambres d'hôtes à 54 euros la nuit.
b Le client de la table 12 trouve son steak trop saignant.
c Je cherche un cadeau original pour notre charmante hôtesse.
d Qui sera le prochain hôte de notre festival ?
e Nos hôtes / invités sont restés trois jours.
f Tu es notre hôte / invité ce soir.
g Les clients sont-ils satisfaits de la chambre ?
h Nos hôtes / invités sont enfin partis.

2

a 6 c 4 e 2 g 5
b 3 d 7 f 1

Übung 15

1

a rues
b rue
c route
d rue
e route
f routes
g route
h rues
i rue
j rues

2

a route 6
b route 9
c routes 8
d rue 7
e rue 2
f route 1
g rue 11
h route 10
i rue 5
j rue 4
k rue 3

Übung 16

a dans
b près de
c par
d à
e sur
f devant
g par
h en
i sur
j sur
k dans
l dans
m par
n chez

Übung 17

a Fahrkarte
b Jahrestag
c Schreibtisch
d Strafe
e Geschäft
f festnehmen
g absteigen
h verdienen
i aufgeben
j Befehl
k fliegen

Übung 18

1

-e: employée; chargée de clientèle
-trice: directrice; factrice; rédactrice
-(t)euse: serveuse; dompteuse; chanteuse
-ère: boulangère; bijoutière; jardinière
-ienne: chirurgienne; musicienne; comédienne
-onne: espionne; patronne; maçonne

2

a la juge
b la chef
c la soldate
d la mannequin
e l'ambassadrice
f l'abbesse

Übung 19

1

a ton chemisier
b le chef d'orchestre
c une marche
d la chicorée
e au distributeur
f perfusion
g un dessert
h piano
i gilet
j l'enveloppe
k garage
l lycée

2

b der Leiter
c der Spaziergang
d der Chicoree
e der Kräutertee
f die Süßigkeit
g die Tastatur
h die Jacke
i das Besteck
j der Parkplatz
k die Sporthalle

Übung 20

a J'ai la nausée.
b Je vomis parce que j'ai trop mangé.
c J'ai mal au dos.
d J'ai trop bu et j'ai mal à la tête.
e J'ai le vertige.
f Je suis enrhumé.
g J'ai très faim.
h Il s'est énervé.
i Elle a un peu trop bu.
j Il est paresseux.
k Il a perdu connaissance.

Übung 21

1

a plantations
b augmentation
c beauté
d circulation
e mondanités
f habileté
g prudence
h solitude
i déchetterie

2

l'égalité, égaliser / égaler; la grandeur, grand/-e; blanc/blanche, blanchir; la saleté, sale; l'obscurité, obscurcir; la lune, alunir; la terre, terrestre

Übung 22

Horizontalement
3 foncée
6 pleine
8 large
11 facile
12 naturel
13 fragile
14 basse

Verticalement
1 intéressant
2 méchant
4 rapide
5 géante
7 triste
9 rare
11 bruyant

Übung 23

1

a Ich bin **auch** viel ins Ausland gereist. (également)
b Ich liebe diesen Film. – Ich **auch**. (aussi)
c Ich habe heute Abend keine Zeit. – Ich **auch** nicht. (non plus)
d **Auch** meine beste Freundin weiß es nicht. (même)
e Schlaf gut! – Du **auch**. (aussi)
f Ich fahre hin, **auch wenn** es regnet. (même)

2

a J'ai aussi besoin de ton aide.
b J'aime la mer, mais j'aime aussi la montagne.
c A-t-il / Il a vraiment dit ça ?
d Dormez-bien. Merci, vous aussi.
e Même Pierre est venu.
f Je n'ai pas lu ce livre. – Moi non plus.
g Tu ne l'oublieras pas ?
h Même si c'est la vérité, je ne veux pas l'entendre.

Übung 24

1

a J'ai appuyé sur le mauvais bouton.
b Il a fait un faux témoignage.
c Cette réponse est fausse.
d C'est la mauvaise clé.
e C'est la mauvaise méthode.
f Il s'est inscrit sous un faux nom.

2

a vraies
b vrai
c bonne
d vraie
e bon
f bonne
g vraie
h bonne

Übung 25

1

a salle
b salle
c chambre
d salle
e chambres
f pièces
g salles
h salles
i chambres
j pièces
k salle, salle

2

a Où est ton frère ? – Dans sa chambre, je crois.
b Tu as vu mon nouveau bureau ?
c Mon train part à 9 heures. On se retrouve dans la salle des pas perdus ?
d Dans la salle des professeurs, tout le monde fume. C'est horrible.
e Le président de la Chambre de Commerce et d'Industrie a démissionné.
f La salle de séjour est très belle, très claire.
g Nous cherchons un appartement quatre pièces.
h Nous avons joué devant une salle presque vide.

Übung 26

1

a au
b bon
c ton
d au
e le
f à la
g le
h Sa
i au
j le
k un premier
l une
m au

2

le bar; le garage; le numéro; le groupe; l'étage; le métro; le massage; le vernissage

Übung 27

1

a à
b en
c dans
d pour, dans
e à
f après
g À
h il y a
i Le
j pendant
k depuis
l –
m à

2

a Peux-tu / Est-ce que tu peux me réveiller à 7 heures demain ?
b Nous sommes rentrés samedi.
c Qu'est-ce que vous faites à Pâques ?
d Il a téléphoné il y a une heure.
e Ça fait cinq heures qu'il est devant la télé.
f Prenez un comprimé avant chaque repas.
g Lundi, je ne suis pas allé au travail.
h De temps en temps, je vais au cinéma.
i Nous sommes partis au bout de trois heures.
j Je suis resté jusqu'à la fin / jusqu'au bout.

Vokabelliste

de temps en temps; jusqu'à la fin / jusqu'au bout

Übung 28

a vélo (m) / bicyclette (f)
b mythe (m) / légende (f)
c habitude (f) / coutume (f)
d mobile (m) / portable (m)
e retourner / revenir
f voiture (f) / auto (f)
g visage (m) / figure (f)
h entrée (f) / hors-d'œuvre (m)
i peinture (f) / tableau (m)
j communication (f) / message (m)
k impôt (m) / taxe (f)
l profession (f) / métier (m)
m abri (m) / refuge (m)
n âgé / vieux

Übung 29

1

a acheter
b rester
c rire
d refuser
e accepté
f déteste
g ignore
h jeté
i me couche
j fermez
k grossi

2

a pertes
b inconvénients
c descente
d départ
e question
f fin
g qualité
h échec
i richesse
j lenteur

Übung 30

a landau
b ersatz
c kitsch
d kobold
e krach
f lieder
g leitmotiv
h putsch
i réalpolitik
j blitzkrieg
k land
l kirsch

Übung 31

1

a coûter cher
b se tenir droit
c peser lourd
d voler bas
e acheter français
f parler vrai
g chanter juste
h manger léger

2

a idiot
b utile
c bon
d dur
e fort
f bon
g faux
h tranquille

Übung 32

1

h aspiré: un hamac; des haricots; un hasard; un handicapé; un hérisson; des hiboux; un hameçon; un héros; des hameaux
h muet: des‿horreurs; des‿hirondelles; un‿hexagone; un‿habitant; des‿histoires

Vokabelliste
le hamac; le haricot; l'horreur; le hasard; l'hirondelle; le hérisson; le hibou; le hameçon; le héros; l'hexagone; le hameau

2

a die Nullen / die Helden
b die Wesen / die Buchen
c die Autoren / die Höhen
d das Wasser / die Höhe
e die Leiste / der Hass
f feige / die Axt

Übung 33

Horizontalement
3 noires
4 rouge
6 bleu
7 jaune
8 vert

Verticalement
1 blanche
2 marron
5 grise
6 brune

Übung 34

a ai visité
b vas voir
c visiter
d visiter
e fréquentent
f aller voir
g fréquenter
h allons voir / sommes allés voir
i fréquentait
j fréquenté
k suis allé voir
l visiter

Übung 35

1

Savez-vous ... conduire; parler anglais; utiliser un ordinateur; prononcer ce mot
Pouvez-vous ... venir demain; répéter s'il vous plaît; ouvrir la fenêtre; téléphoner avant midi

2

a peux
b pouvons
c sais
d peux
e sait
f peux-tu
g peux
h savez
i Pouvez-vous
j peux

Übung 36

1

a Tiens ça, s'il te plaît.
b Il a tenu parole.
c Tenez-moi au courant, s'il vous plaît.
d Il tenait sa fille par la main.
e Cette histoire ne tient pas debout.
f La peinture n'a pas bien tenu.
g Il a fait un discours très ennuyeux.
h Ce manteau ne tient pas chaud.
i Que penses-tu / Qu'est-ce que tu penses de mon plan ?
j Pour qui me prends-tu ? / Tu me prends pour qui ?
k Ça tient, pour ce soir ?
l Tiens, voilà Pierre. Quelle surprise !
m Malgré tous ses malheurs, il tient le coup.

Vokabelliste
tenir; tenir; tenir; faire; tenir

2
b durchhalten
c müssen
d sich nicht aufrecht halten können
e haben
f gut auf der Straße liegen
g vertragen
h den Mund halten
i auf etwas bestehen
j nicht mehr aushalten
k haben
l auf etwas bestehen

Übung 37

1

b	écrire	j	faire la cuisine
c	faire un choix	k	reprocher
d	skier	l	faire un saut
e	faire une bise	m	faire des études
f	faire de la couture	n	faire un cadeau
g	faire des économies	o	proposer
h	faire des efforts	p	lire
i	faire le jardin		

2

a	sprengen	g	sitzen
b	mitteilen	h	packen
c	kennen lernen	i	zahnen
d	aufpassen	j	schmollen
e	umkehren	k	angeben
f	einkaufen	l	Männchen machen

Übung 38

1

a	à	f	de
b	au	g	à
c	en	h	aux
d	par	i	À
e	en	j	à

Vokabelliste
à; en; de; à

2

a	zur Stelle	f	jeden zweiten Tag
b	in der Tür	g	bei diesem Eindruck
c	bei mir	h	über ihr Schicksal
d	maßgeschneidert	i	in diesem Ton
e	16 von 20 Punkten		

Übung 39

1
a J'ai trop chaud.
b Il avait très / grand faim.
c Mon frère a 23 ans.
d J'ai très sommeil.
e J'ai le vertige. / J'ai la tête qui tourne.
f Il n'y a plus rien à faire.
g Tu as raison, comme toujours.
h Je n'ai pas l'habitude de ce travail.

2

a 9	c 1	e 3	g 2	i 5
b 6	d 10	f 8	h 7	j 4

Vokabelliste
Lust haben; Angst haben; Glück haben; den Mut haben; müde / schläfrig sein; sich reinlegen lassen; aussehen; mit beiden Beinen auf der Erde stehen / vernünftig sein

Übung 40

1

a	carnaval	g	sculpture
b	confort	h	guitare
c	respect	i	accent
d	personnel	j	parlement
e	ustensiles	k	esclave
f	conflit	l	race

2
a Ce présentateur a beaucoup d'humour.
b Cet appareil n'est pas très pratique.
c Le rythme de cette chanson me plaît beaucoup.
d Elle a travaillé toute sa vie dans une fabrique.
e Comment trouves-tu ma nouvelle cravate ?
f C'est un chorégraphe très célèbre.
g Tu viens à la fête demain ?
h Quel est votre numéro de téléphone ?

Übung 41

1
a épais / ein dichter Nebel
b conviviale / eine gesellige Stimmung
c profond / eine tiefe Langeweile
d fertile / eine reiche Fantasie
e blond / der gelbe Sand
f lumineuse / eine glänzende Idee
g aveugle / ein blindes Vertrauen
h naturelle / eine natürliche Autorität
i ombragée / eine schattige Allee
j douillet / ein warmes Nest

2

a défaut
b cuisant
c mortel
d sincères
e copain
f précieuse
g ami
h pourri
i surhumains

Übung 42

1

a automobile
b météo
c adolescents
d clim
e photographie
f hebdo
g écolo

2

a les informations à la télévision
b la publicité
c Le réfrigérateur / au restaurant
d la manifestation
e manières d'aristocrate
f un dictionnaire
g ma mobylette
h notre laboratoire
i les mathématiques et la géographie
j l'ophtalmologue et l'oto-rhino-laryngologiste

Übung 43

1

a le lave-linge / Waschmaschine
b la salle d'attente / Wartezimmer
c l'arc-en-ciel / Regenbogen
d la presqu'île / Halbinsel
e le magazine féminin / Frauenzeitschrift
f l'émission télévisée / Fernsehsendung
g le cure-dent / Zahnstocher
h le porte-parole / Sprecher
i la cage d'escalier / Treppenhaus
j la belle-sœur / Schwägerin

2

a un coffre-fort / Tresor
b un verre à vin / Weinglas
c un jardin public / Stadtgarten
d un verre de vin / Glas Wein
e un sac à dos / Rucksack
f fer à repasser / Bügeleisen
g brosse à dents / Zahnbürste
h pot de fleur / Blumentopf

Übung 44

Horizontalement
2 arrogant
3 timide
7 dangereuse
8 particulier
10 étonnés

Verticalement
1 fondamental
4 pratique
5 absurde
6 courant
9 adroite

Übung 45

1

a un morceau
b une pièce
c une pièce
d morceaux
e les pièces
f une pièce
g une pièce
h un morceau
i petits morceaux
j morceaux
k d'un seul morceau / d'une seule pièce
l pièce

2

a Il a mangé le plus gros morceau.
b De qui est ce morceau de musique ?
c Ils sont vendus à la pièce.
d Tu connais / Est-ce que tu connais cette pièce de théâtre ?
e Pourrais-je / Est-ce que je pourrais avoir un morceau de pain, s'il vous plaît ?
f Tu as / Est-ce que tu as une pièce d'un euro pour l'horodateur ?
g Nous vendons les truffes au kilo, pas à la pièce.
h Lancez une pièce dans la fontaine, ça porte bonheur.
i Désirez-vous un autre morceau de gâteau ?

Übung 46

1

a Nouvelles mesures
b voitures neuves
c Nouvelles normes
d véhicules neufs
e énergies nouvelles
f vin nouveau
g refait à neuf
h état neuf
i nouveau projet

2

a une nouvelle vie
b le nouveau ministre de l'environnement
c un nouveau début
d cette voiture est comme neuve
e les nouveaux droits
f une construction neuve
g Maison neuve à vendre
h Quoi de neuf ?
i le Nouveau Testament

Übung 47
a redoubler / Elle redouble.
b circuler / Le bus ne circule plus ...
c taire / Je vous tairai ...
d mettre / Je mets une veste ...
e être considéré / Il est considéré comme ...
f traverser / J'ai traversé le ...
g penser / ... tout ce qu'il pense.
h cesser / ... les douleurs vont cesser.
i diffuser / Ils ont diffusé le film ...
j entrer / Le cambrioleur est entré par ...
k atteindre / La consommation de café a atteint 750 gr ...
l venir / Viens à la maison ...
m pardonner / Il n'a jamais voulu pardonner.
n être adopté / La loi a été adoptée ...
o être accepté / ... sont très mal acceptés ...
p grandir / J'ai grandi à Paris.

Übung 48
a Qu'est-ce qu'on joue ... (jouer / spielen)
b J'ai remis la clé ... (remettre / geben)
c ... de me dire l'heure (dire / sagen)
d ... à vous consacrer (consacrer / widmen)
e Nous vous répondrons demain. (répondre / antworten)
f Qui a distribué ? (distribuer / Karten geben)
g Il m'a promis qu'il ... (promettre / versprechen)
h Ils l'ont dénoncé à la ... (dénoncer / denunzieren)
i Cela nous a causé pas mal de ... (causer / verursachen)
j Le tabac provoque le ... (provoquer / verursachen)
k ... qu'elle l'a embrassé (embrasser / küssen)
l Tu m'attribues des intentions ... (attribuer / unterstellen)
m Il m'a asséné un coup ... (asséner / verpassen)
n Pouvez-vous m'aider ... ? (aider / helfen)

Übung 49
1
a sauber
b lustig
c lieb
d bedeutend
e alt (wertvoll)
f nett
g merkwürdig
h gewiss
i ehemalig

2
a sa propre entreprise
b eine einzige Frau
c eine schlimme Geschichte
d des voisins curieux
e une pauvre fille
f die verschiedenen Aspekte des Problems
g la semaine dernière
h ein lustiger Film
i une vieille maison
j des programmes différents
k une chose certaine

Übung 50
1
a du
b à
c du
d sur
e à
f de
g du
h au

Vokabelliste
de; sur; à; de; de; à

2
a participer à – Je ne peux / pourrai pas participer à la réunion demain.
b se souvenir de – Je me souviens très bien de cette histoire.
c traduire en – Pouvez-vous traduire ce texte en français.
d apprendre à – Où as-tu appris à parler allemand ?
e se débarrasser de – Je ne peux pas me débarrasser de cette peur. / je n'arrive pas à
f tenir à – Je tiens beaucoup à cette photo.
g se tromper de – Nous nous sommes trompés de route.
h se séparer de – Elle s'est séparée de son mari, il y a trois ans.
i arrêter de – Tu devrais arrêter de fumer.
j renoncer à – Elle ne renonce jamais à un voyage.
k parler de – Nous avons parlé de tout et de rien.

Übung 51
a énervés
b content / bizarre
c saisi
d gentils
e amusante
f épuisés
g l'échec
h médecin
i octroyés
j ennuis
k le succès
l continué
m le début
n la sortie

Übung 52

a une voix aiguë / un accident léger
b une remarque motivée / une représentation payante
c des lèvres minces / du sel fin
d la main droite / un geste adroit
e un sommeil léger / une pensée superficielle
f une couleur foncée / un temps gris
g des eaux stagnantes / une enfant lente
h la saison chaude / un accueil chaleureux
i un enfant turbulent / une décision irréfléchie
j une maison sale / une photo floue
k un élève fort en maths / un bulletin (de vote) valable

Übung 53

1

a 3	c 2	e 10	g 13	i 12	k 4	m 8
b 6	d 9	f 1	h 5	j 11	l 7	

2

a 5	c 7	e 2	g 9	i 8
b 4	d 1	f 3	h 10	j 6

Übung 54

1

[gz] examen; xylophone; exil
[ks] maximum; boxe; taxe
[s] dix-sept; six; Bruxelles
[z] dix-neuvième; dixième; dix-huit

2

hörbar: thorax; cortex; silex; larynx; sphinx
stumm: croix; prix; choix; heureux; jumeaux

Übung 55

Horizontalement	**Verticalement**
5 jambes	1 carpe
6 étoile	2 vérités
8 principes	3 langue
9 dent	4 volontés
11 œufs	7 pieds
12 tête	10 tombe

Übung 56

a Elle a eu des jumeaux.
b J'ai attrapé la grippe.
c Le bébé fait ses dents.
d Qu'est-ce que je vous sers ?
e Tu vas avoir des ennuis.
f Je vous dois combien / Combien vous dois-je pour la traduction ?
g Il a obtenu la majorité des voix.
h Ce travail ne lui convient pas.
i Où puis-je / Où est-ce que je peux trouver quelque chose à boire ?
j Je n'ai pas reçu ta lettre.
k Tout à coup, j'ai eu des doutes.
l Il a reçu le premier prix.
m Nous avons / allons avoir de la visite, ce week-end.

Übung 57

1

a erreur	g erreur
b faute	h erreur
c Faute	i faute
d erreurs	j défauts
e fautes	k erreur
f défaut	l erreur

2

a J'ai recompté. Je ne trouve pas d'erreur.
b Il s'agit certainement d'une erreur.
c J'ai découvert une faute d'étourderie.
d Ce produit a un défaut de fabrication.
e Ce médecin a commis une faute professionnelle grave.
f Je n'ai fait aucune faute dans ma dictée.

Vokabelliste

la faute d'étourderie; le défaut de fabrication; la faute professionnelle

Übung 58

a kochen	f Nachricht
b gleich	g Rechnung
c Glück	h dürfen
d Haare	i richtig
e Heim	

Vokabelliste

kochen; gleich; Glück; das Heim; das Kinderheim

Übung 59

1

a 2	c 5	e 1	g 1
b 3	d 3	f 4	h 2

2

a J'ai changé d'avis.
b Elle se change sans arrêt.
c Il faut que nous changions / Nous devons changer les draps.
d J'ai changé tous les meubles de place.
e Elle a changé d'école.
f Vas-y, cela / ça te changera les idées.

L

Übung 60

1

a la
b la
c le
d la
e le
f le
g le
h la
i la
j la

2

a courtes
b du
c Ton
d le
e le / brûlant
f fraîches
g mon
h un petit
i Elle / cette
j de la
k une

Vokabelliste

la; le; le; le; le; la; le; la; la; la

Übung 61

1

a a pris la fuite
b prendre du poids
c on m'a pris
d Je n'ai pas pris de notes.
e Prenez votre temps.
f a pris feu
g prendre mon chat en photo
h Je l'ai pris pour son frère.
i absolument prendre du repos
j j'ai pris une femme de ménage
k histoire de prendre un peu l'air
l prendre le volant

2

a Il a été pris sur le fait.
b Tu prends un apéritif ?
c Je n'aime pas prendre le métro.
d Il ne prend jamais de risques.
e Personne, ici, ne veut en prendre la responsabilité.
f Il a pris 20 kilos en un an.
g Prenez à gauche, après l'Hôtel de Ville.
h Ce travail m'a pris beaucoup de temps.
i Il faut absolument que je prenne / Je dois absolument prendre du recul.

Übung 62

1

a chez le médecin
b la fenêtre ouverte
c auprès de toi
d près de Lyon
e sur moi
f par ce temps
g en me rasant
h chez ses parents
i travaille à la poste

2

a par 7
b par 9
c en cas de 10
d à 3
e de ... de 8
f par 1
g avec 5
h en 2
i au 6
j par 4

Übung 63

a ami
b appartement / livres
c docteur
d j'ai pris froid
e compris
f sent mauvais
g cet homme
h voler
i voiture
j travail
k peur
l j'en ai assez
m énormément
n sœur

Vokabelliste

das Buch; der Arzt; sich erkälten; kapieren; stinken; der Typ; klauen; die Karre; die Arbeit; Angst haben; die Nase voll haben; sehr (viel); der Bruder / die Schwester

Übung 64

1

a boîte
b budget
c manifestations
d d'imagination
e familiaux
f cinéphile
g itinéraire
h stagiaire
i un comprimé

2

b ein Staat
c eine Vorführung
d die Extravaganz
e vertraut
f Filmemacher
g Straße
h eine Tafel
i ein(e) Freiwillige(r)

Übung 65

1

a arc, parc, trac, en vrac
b chenil, péril
c blocus, tonus, virus, bus
d enfer, hiver, désir, cher, fier/-ère
e cap, handicap

2

a tabac
b ami
c travail
d cerf
e heureux

Übung 66

Horizontalement

3 attraper
5 annuler
8 prendre
9 regarder
10 rédiger

Verticalement

1 savourer
2 atteindre
4 suivre
6 remplir
7 mettre

Übung 67

a Cette photo
b une très bonne image
c cette photo
d Ce tableau
e une photo de mon mariage
f un tableau
g une mauvaise image
h deux tableaux
i Ce célèbre tableau
j Un tableau
k des images magnifiques
l l'image de marque
m des images très banales
n vieilles photos
o l'image de marque
p photos / le tableau blanc

Übung 68

a Comment vas-tu ?
b Mon ordinateur ne fonctionne plus.
c Ma montre retarde.
d On marche ou on prend la voiture ?
e Elle est partie à quelle heure ? / À quelle heure est-elle partie ?
f Bon, je m'en vais maintenant.
g Il exagère, tu ne trouves pas ?
h Elle va à la piscine tous les jours.
i Cela / Ça ne peut pas continuer comme ça !
j On sort, ce soir ?
k On fait une promenade ?
l Le film dure encore une heure.
m Cette fois-ci, il a dépassé les limites.
n L'affaire suit son cours.
o Il me tape sur les nerfs.

Vokabelliste

retarder; marcher; s'en aller; exagérer; faire une promenade; dépasser les limites; suivre son cours; taper sur les nerfs

Übung 69

1

a Il n'est pas aussi méchant que son père.
b Quel beau film !
c Pourquoi a-t-il réagi ainsi ?
d Il est tellement bête qu'il le croira tout de suite.
e Ne crie pas comme ça. Je ne suis pas sourd(e).
f Je te téléphone si je ne viens pas demain.
g Je travaille autant que toi.

2

a comment
b comme
c Ø
d comment
e que
f comment
g combien

Übung 70

a Nous devrions faire demi-tour.
b Tu n'as pas mis la ceinture.
c Où puis-je / Où est-ce que je peux mettre mon vélo à l'abri ?
d Nous devons réécrire ce texte.
e J'ai passé la nuit chez des amis.
f As-tu fermé la porte à clé ?
g Le Rhin prend sa source en Suisse.
h Devons-nous / Est-ce que nous devons lire le texte en entier ?
i Il marchait en tête, comme toujours.
j Nous avons alors continué notre route.
k Il est parti en courant.
l J'ai changé les meubles de ma chambre de place.
m Nous avons travaillé toute la nuit sans interruption.
n J'ai fait sa connaissance l'été dernier.
o Respirez à fond.
p Je descends, dès que j'ai / j'aurai défait mes valises.
q Je passe l'aspirateur tous les jours.

Übung 71

a 1 C'est très confortable, sur ce canapé.
2 Je suis, en fait, une personne très agréable.
3 Mettez-vous à l'aise.

b 1 Je n'ai jamais oublié mon pays natal.
  2 Nous ne vendons que des produits du terroir.
  3 Ma région natale, c'est la Touraine, c'est clair.
c 1 Nous vous invitons à une soirée conviviale.
  2 Mon frère est quelqu'un de très sociable.
  3 Elle n'a pas beaucoup d'amis : elle n'est pas très liante.
d 1 Les femmes ont-elles été oubliées lors de la Déclaration des droits de l'Homme et du Citoyen en France ?
  2 Il n'y avait pas beaucoup de gens / de monde.
  3 Nous devons traiter les prisonniers comme des êtres humains.
e 1 Il raconte toujours des histoires drôles / blagues qui sont plutôt vulgaires.
  2 Il fait des mots d'esprit sans arrêt, c'est fatigant.
  3 Cet homme a beaucoup d'esprit.

Übung 72

1

a	retourner	f	rentrée
b	rentrer	g	retourné
c	retourné	h	rentrer
d	retourne	i	est rentrée
e	rentrez	j	retourner

2

a Il est rentré fatigué du travail.
b Il sort dans la journée et retourne en prison le soir.
c Ton père n'est toujours pas rentré.
d J'ai oublié mon parapluie au bureau. J'y retourne.
e Je suis fatigué(e). Je voudrais rentrer.
f Tu as / As-tu rentré ma valise ?
g Comment êtes-vous rentré(e)(s) ?
h Il a enfin le droit de retourner dans son pays.
i J'étais désespéré à l'idée de devoir retourner à l'hôpital.
j Il n'est pas rentré depuis quatre jours.

Übung 73

1

a Je suis venu(e) en bus.
b Envoie-le par la poste.
c Tu peux compter sur moi.
d Il a passé le bac(calauréat) à 17 ans.
e Il parle toujours à voix basse.
f Je voudrais une voiture à cinq portes.
g Il l'a fait exprès.
h Il arrive en retard.

Vokabelliste
sur; à; en

2

a	en 4	f	au 3
b	au 10	g	en 1
c	entre 8	h	en 7
d	sous 2	i	en 5
e	à 9	j	en 6

Übung 74

1

a	insupportable	e	excentrique
b	immense	f	avare
c	audacieux	g	bouleversé
d	stupéfaits	h	hilarante

Vokabelliste
geizig; erschüttert; wagemutig; verblüfft; urkomisch; unerträglich

2

a	beau	e	malhonnête
b	dur	f	intelligent
c	fatigué	g	réservée
d	laid	h	mince

Übung 75

1

a	regard	f	course
b	succession	g	départ
c	espoir	h	paiement
d	élections	i	guérison
e	victoire		

2

a	construire	f	exprimer
b	diriger	g	prouver
c	saigner	h	vendre
d	sauver	i	naître
e	mourir	j	employer

Übung 76

1

[j] famille; papillon; gentille; grille; taille; Marseille; quille
[l] mille; pénicilline; tranquille; villa; distillerie; Lille; millimètre

2
paysan; pays; abbaye; paysage

Übung 77

Horizontalement	Verticalement
1 maximum	2 intérim
4 agenda	3 lavabo
8 alibi	4 duplicata
9 mémento	6 terminus
10 album	7 minimum

Übung 78

a allons
b roule
c conduit
d roule
e roule
f conduire
g circulent
h fait
i circulent
j partez
k partons
l va
m conduire
n rouler

Übung 79

1
a une économie saine / malsaine
b un chat en bonne santé / en mauvaise santé
c un habitat salubre / insalubre
d une alimentation saine / malsaine
e un enfant en bonne santé / en mauvaise santé
f un dortoir insalubre / salubre

2
a saine
b malsaine
c insalubres
d malsaine
e saines
f malsain
g insalubre
h en bonne santé
i sain

Übung 80

a 1 fugitif / Die Spur dieses Flüchtlings verlor sich auf dem Flughafen von Bangkok.
2 réfugié / Sein Antrag auf Anerkennung als politischer Flüchtling wurde abgelehnt.
b 1 entendu / Er hat drei Mal geklingelt, aber ich habe nichts gehört.
2 écouter / Ich höre sehr gern Musik.
c 1 limite / Es gibt keine Altersgrenze, um Pétanque zu spielen.
2 frontière / Mehr als 100 000 Soldaten wurden an der Grenze zusammengezogen.
d 1 regardé / Ich habe gestern Abend ferngesehen.
2 vu / Ich habe drei Mal kontrolliert, aber ich habe nichts gesehen.
e 1 obtenu / Er hat die Goldmedaille bei den Olympischen Spielen von 2000 gewonnen.
2 gagné / Ich habe gespielt, aber ich habe nichts gewonnen.
f 1 être suspendue / Die Lampe hängt über dem Schreibtisch.
2 être attaché / Er hängt sehr an seiner Mutter.
g 1 ongle / Ich habe mir beim Basteln einen Nagel abgebrochen.
2 clou / Er ist sehr ungeschickt: Er ist nicht mal fähig, einen Nagel einzuschlagen.
h 1 mis / Ich habe drei Stunden für diese Strecke gebraucht.
2 besoin / Brauchst du morgen das Auto?
i 1 considéré / Ich habe ihn immer als einen Freund betrachtet.
2 Regardez / Betrachten Sie diese Zeichnung aufmerksam und beantworten Sie die Fragen.

Übung 81

a 1 Nous sommes **très** heureux d'avoir fait votre connaissance.
2 Je l'aime **beaucoup**.
b 1 **Si** c'est possible, je viendrai avec toi / vous.
2 Téléphonez **quand** vous serez arrivé(e)s.
c 1 Nous nous sommes rencontrés **il y a** trois ans.
2 On se retrouve à 20 heures **devant** le restaurant ?
3 Je suis parti(e) **avant** toi.
d 1 **Qu'est-ce qui** se passe ?
2 **Qu'est-ce que** tu as dit ?
3 Je me demande **ce qui** s'est passé.
4 J'aimerais savoir **ce que** tu en penses.
e 1 **Comme** j'avais mal à la tête, je suis rentré(e).
2 Nous pouvons commencer, tous les invités sont **là**.
f 1 Cela a duré plus longtemps **que** prévu.
2 Elle avait onze ans **quand** son père est mort.
3 **En tant que** chef de ce service, je peux très bien en décider.

Übung 82

a schwer
b laufen
c passen
d verdienen
e üben
f anrufen
g Schloss
h gehören
i folgen
j treffen

Übung 83

1

a un
b un
c d'une
d un
e droit
f le dernier
g effrayants
h un / une
i Ce / long
j l'heureux
k blancs
l d'un / d'une

2

a les obsèques; les épinards; les frais
b les alentours; les archives; les fiançailles
c les gens; les arrhes; les mœurs; les honoraires

Übung 84

époux; lit; nous rendent souvent visite; se comportent; problèmes; désagréables; ne m'écoutent plus; aucun pouvoir; épuisée; je supporte; enfants; les disputer; chez nous; paniquer; craquer; conseils

Übung 85

a 1 irruption / 2 éruption
b 1 évoqué / 2 invoquer
c 1 effraction / 2 infractions
d 1 accidents / 2 incident
e 1 affection / 2 infection
f 1 infantile / 2 enfantine

Vokabelliste
irruption; éruption; évoquer; invoquer; infantile; enfantin/-e

Übung 86

a pédestre / eine Fußwanderung
b scolaires / die Schulferien
c hebdomadaire / wöchentlicher Besuch
d spatial / Raumschiff
e canine / Hundeausstellung
f balnéaire / ein Badeort
g médiévale / mittelalterliche Stadt
h insipide / fades Gericht
i aquatiques (nautiques) / Wassersport
j équestre / Reitausflug
k rural / Wohnen auf dem Land
l carnivore / Fleisch essend
m mélomane / Musikliebhaber
n maturité / Reife
o urbaine / Stadtbevölkerung
p polygame / in Vielehe lebend

Übung 87

1

b bonjour
c cinéma
d bien
e j'ai acheté
f cet / cette
g quoi
h décider
i matin
j apéro (apéritif)
k danser
l cadeau
m énervé
n toujours
o lundi
p idée

2

a Tu viens demain au cinéma ?
b Quoi de neuf ? – Rien.
c Slt, à 2m1.
d Tu vi1 à l'APro l'1di ?
e J'ai acheté plein de cadeaux hier.
f Tu vi1 en tr1 ou à Vlo ?
g J'ai décidé de quitter mon copain.
h J'espère que tu vas bien.
i Il E tjrs NRV.
j Je t'm.
k G 1 Vlo 9.
l À ta 100T.
m J'ai bien dormi cette nuit.
n J'ai acheté un agenda.

Übung 88

Horizontalement
2 détester
3 somnoler
6 survoler
8 murmurer
9 refouler
11 rénover

Verticalement
1 atterrir
2 décoller
4 trimer
5 adorer
7 hurler
10 fixer

Übung 89

1

a grand
b grand / très
c mesures
d la même taille
e majuscules
f grande
g très / grande
h Grand
i gros
j beaucoup de
k grandi
l grande

2

a Es ist **höchste Zeit**.
b Es waren nicht **viele Leute** da.
c Ich bin gegen **Eliteschulen**.
d Das ist ein Film für ein **breites Publikum**.
e Es ist **helllichter Tag**.
f Ich habe nicht **viel** gekauft.
g Trotz seines **hohen Alters** ist er noch sehr rüstig.
h Die **Erwachsenen** sind zu ernsthaft.

Übung 90

a Le jour
b une excellente soirée
c toute la journée
d de l'année
e dans huit jours
f Quelle journée
g tous les matins
h ce soir
i toute la matinée
j ses journées
k depuis trois jours
l la matinée
m Soirée télé, ce soir
n nuit

Übung 91

a laisser
b faire
c fait
d faire
e Laisse / Laissez
f fait
g Laisser / laisser
h laissé
i laisse
j laisse
k faites
l laissé
m Laissez
n fait
o faire
p laisse

Vokabelliste
laisser tomber; se faire avoir

Übung 92

1

a fertile
b bien chaude
c rude / rigoureux
d brune
e confortable
f paresseux
g dense / épais
h dur
i amère
j important

2

a L'été a été torride.
b Ses efforts n'ont pas été très fructueux.
c J'ai les mains toutes rugueuses.
d Cette pièce est trop sombre.
e Il choisit toujours la solution la plus pratique.
f Ils m'ont vendu des pommes pourries.
g Cette boîte est-elle vraiment hermétique ?
h Il parle toujours d'une voix rude.
i Ce fut pour moi une expérience douloureuse.
j C'est un haut fonctionnaire.

Übung 93

1

a Ich nehme Milch zum Kaffee. / nehmen
b Lege das Buch auf den Tisch, bitte. / legen
c Ziehe einen Pulli an, es ist kalt. / anziehen
d Wer hat den Fernseher eingeschaltet? / einschalten
e Ich habe 5 Minuten gebraucht, um diese Übung zu machen. / brauchen
f Ich lege für meine Ferien Geld auf die Seite.
g Kannst du den Tisch decken, bitte? / decken
h Ich bringe meine Sachen in Ordnung. / in Ordnung bringen
i Darf ich diesen alten Pulli in den Müll werfen? / wegwerfen
j Man weiß nicht, wer das Feuer gelegt hat. / legen
k Wo hängen wir dieses Bild auf? / aufhängen
l Ich habe das Auto in die Garage gefahren. / fahren
m Er hat seinen Namen nicht an der Tür angebracht. / anbringen

2

a Qu'est-ce que tu mets ce soir ?
b Il m'a mis la main sur l'épaule.
c Qui a mis la radio ?
d J'ai déjà mis la lettre à la poste / à la boîte.
e Nous avons mis le canapé au milieu de la pièce.
f Assieds-toi, s'il te plaît.
g Je mets les enfants au lit.
h Il n'a posé aucune condition.
i Nous avons mis sept heures pour faire 400 km.
j Pourquoi as-tu mis ma vieille chemise à la poubelle ?
k Personne ne réussit à mettre de l'ordre dans cette affaire.
l Nous mettons chaque mois trois cents euros de côté pour notre retraite.
m Il a mis beaucoup de temps à le remarquer.

L

Übung 94

1

a 6 paumées
b 9 j'ai bossé
c 12 crevé
d 7 s'engueuler
e 15 mon fric
f 2 sympa
g 13 au pieu
h 1 je me suis tiré
i 17 collé
j 16 virée
k 8 embêté
l 3 cette baraque
m 18 cloche
n 4 journal
o 14 tu gueules
p 11 bahut
q 10 pas de gosses
r 5 mes fringues

2

très fatigué/e = crevé/-e; s'engueuler = se disputer; le fric = l'argent; le lit = le pieu; partir = se tirer; échouer = être collé; renvoyer = virer; s'ennuyer = s'embêter; la baraque = la maison;
ne pas marcher = clocher; le canard = le journal; le bahut = le lycée; l'enfant = le gosse; les vêtements = les fringues

Übung 95

a 1 humide, 2 mouillé, 3 trempé – trempés
b 1 glacial, 2 froid, 3 frais – glacial
c 1 un voyage, 2 un circuit, 3 un tour – un tour
d 1 craintif, 2 peureux, 3 angoissé – angoissée
e 1 ordonné, 2 méticuleux, 3 maniaque – maniaque
f 1 apercevoir, 2 voir, 3 regarder – aperçu
g 1 gourmet, 2 gourmand, 3 glouton – gourmet
h 1 las, 2 fatigué, 3 épuisé – épuisé(e)
i 1 potelé, 2 gros, 3 obèse – obèse
j 1 économe, 2 avare, 3 cupide – cupide
k 1 désespéré, 2 soucieux, 3 confiant – confiant
l 1 pleurnicher, 2 pleurer, 3 sangloter – pleurnicher
m 1 faible, 2 moyen, 3 excellent – faibles

Übung 96

1

a une autorisation / erteilen
b une preuve / liefern
c une réservation / annulieren
d un espoir / hegen
e de l'inquiétude / auslösen
f une loi / erlassen
g bataille / liefern
h un dossier / stellen
i la curiosité / wecken
j des larmes / vergießen

2

a dînatoire
b chaleureux
c déchirants
d fou
e vives
f écologique
g mensongères
h invétéré
i équilibrée
j draconiennes

Übung 97

1

keine Lösung

2

a 4 Sozialwohnung
b 6 befristeter Arbeitsvertrag
c 8 Sozialhilfe
d 5 unbefristeter Arbeitsvertrag
e 9 Arbeitszeitverkürzung
f 2 Arbeitsvertrag für Berufsanfänger
g 1 Mindestlohn
h 7 Französische Eisenbahn
i 3 RATP Pariser Nahverkehrsgesellschaft

Übung 98

a coûts, coup, cou
b comptes, contes, comte
c seins, sain, saint
d sou, saoûl, sous
e porc, port, pores

Vokabelliste

coûts; sur le coup; cou; compte; conte; comte; seins; saint; saoûl/-e; porc; port; pore

Übung 99

Horizontalement

3 bar
7 bac
9 ampoule
10 gauche
11 antennes

Verticalement

1 bouchon
2 temps
4 accent
5 glace
6 cru
8 chouette

Übung 100

1

a demi 8
b demi 12
c demi 7
d mi 3
e demi 10
f demi 11
g moitié 14
h mi 9
i demi 5
j moitié-moitié 4
k demi 6
l moitié 1
m mi / mi 2
n mi 13

2

a die Halbinsel
b ein halbes Jahr
c ein halber Monat
d eine Halbjahresschrift
e halbwegs
f die südliche Halbkugel

Übung 101

a calme
b calme
c tranquille
d calme
e calme
f tranquille
g calme
h tranquille
i tranquille
j tranquille / calme
k calme
l tranquille
m calme
n tranquille
o calme
p tranquille
q tranquille
r calme

Übung 102

a J'aime faire de la randonnée.
b J'ai fini par tout emporter.
c J'ai failli oublier que c'est ton anniversaire aujourd'hui.
d J'espère que tu pourras venir à Noël.
e Je commence à comprendre qu'il ne le veut pas vraiment.
f J'ai continué à manger.
g Je préfère rester à la maison aujourd'hui.
h Il est évident qu'il a raison.
i Il m'arrive de prendre la voiture pour aller au travail.
j J'étais sur le point de partir.
k J'ai dû perdre mon portefeuille dans le train.
l J'étais en train de manger quand ils sont arrivés.
m Je ferais mieux de ne pas répondre.
n Je me suis remis au travail après.
o Je viens juste de quitter la maison.
p On estime à 3000 le nombre des manifestants.
q Il va pleuvoir.
r Tout est fini.

Übung 103

a Connaissez-vous **la côte** nord de la Bretagne ?
Je n'aime pas **les côtes** à vélo.
Il s'est cassé **une côte** quand il est tombé / en tombant dans l'escalier.
b Pour quelle **raison** a-t-il fait ça ?
Il veut toujours avoir **raison**.
Ce n'était pas un mariage d'amour, c'était un mariage de **raison**.
c C'était son premier discours devant la **Chambre** des Députés.
Pierre est dans sa **chambre**. Je crois qu'il dort.
d Je ne me souviens plus de l'**air** de cette chanson.
L'**air** de la mer lui a fait beaucoup de bien.
e Il est toujours prêt à retrousser ses **manches**.
Tu as gagné la première **manche**, mais pas toute la partie.
f Quelques dessins d'enfants étaient accrochés au mur avec des **punaises**.
Je crois qu'il y a des **punaises** dans le lit.
g Je n'ai pas le **temps** de venir ce soir.
Nous sommes restés à la maison à cause du mauvais **temps**.
h Mettez les verbes suivants au **présent** de l'indicatif.
Permettez-moi de vous offrir cet humble **présent**.
i Ne laisse pas entrer le chat, il est plein de **puces**.
La **puce** est présente partout aujourd'hui.

Übung 104

a 1 pénible, 2 compliqué, 3 exigeant
b 1 semblables, 2 collective, 3 courant
c 1 précis, 2 équitables, 3 légitimes, 4 étroit, 5 exacts
d 1 consciencieux, 2 valable, 3 grave
e 1 intelligible, 2 lumineux, 3 limpide

Übung 105

a 1 original, 2 originel
b 1 provençale, 2 provinciale
c 1 compréhensif, 2 compréhensible
d 1 officieuse, 2 officielle
e 1 opportun, 2 importuns
f 1 pacifiques, 2 pacifiste
g 1 élimé, 2 éliminé
h 1 familière, 2 familiale

Vokabelliste
le péché originel; de source officieuse; le moment opportun; la fin pacifique; la langue familière

Übung 106

1

a 3	c 1	e 7	g 2
b 5	d 8	f 4	h 6

2

a Was soll ich machen?
b Ich kann nichts dafür.
c Du stellst dich ungeschickt an, lass mich machen.
d Ah, ich hab's!
e Sie kennt sich gut aus.
f Los, trau dich!
g Man sieht hier nichts.
h Davon verstehst du nichts.
i Da liegen Sie ganz falsch. Es ist das genaue Gegenteil.
j Er kann mit Kindern gut umgehen.
k Ich war überhaupt nicht darauf gefasst.
l Eigentlich ist es mir nicht wirklich wichtig.
m Grüßen Sie Ihre Gattin von mir! – Ich werde es nicht vergessen.

Übung 107

a aquatique, aquarium – aquatiques
b équitation, équestre – équitation
c laboratoire, laborieux – laboratoire
d horticulteur, horticulture – horticulture
e piscine, pisciculture – piscine
f fable, fabuleux – fabuleux
g navire, naviguer – navire
h disciple, discipline – discipline
i paternel, paternité – paternité
j agricole, agriculture – agriculture
k maternel, maternité – maternelle

Übung 108

a Schul-
b Frei-
c Reit-
d Haus-
e Haupt-

Übung 109

1

a [aʒɛ̃da]
b [bʀysɛl]
c [kasis]
d [kazi]
e [sɔlanɛl]
f [gʀam(m)ɛʀ]
g [ut]
h [leg]
i [miljɔ̃]
j [kao]
k [ʒɥɛ̃]

2

a taon / autant
b sol / sole
c patiemment / couramment
d examen / demain
e gageure / blessure
f dilemme / même
g carrousel / mademoiselle
h radis / souris
i os / noce

Übung 110

Horizontalement

2 trésor / Tresor
6 pédant / pedant
7 délicatesse / Delikatesse
9 phrase / Phrase
10 concept / Konzept
12 figure / Figur

Verticalement

1 gosse / Gosse
3 léger / leger
4 fidèle / fidel
5 politesse / Politesse
8 caméra / Kamera
11 minus / minus

Übung 111

1

a J'ai grandi à la campagne.
b Il a quitté son pays à l'âge de 15 ans.
c Ils ont une maison de campagne en Normandie.
d J'ai souvent le mal du pays.
e Je déteste le calme de la vie à la campagne.
f Il n'a jamais oublié son pays natal.
g Il possède un terrain de 100 hectares.
h Je m'entends très bien avec les gens du pays.
i Terre ! Terre ! Nous sommes sauvés !

Vokabelliste

de campagne; du pays; du pays

2

a 8	c 4	e 6	g 5
b 7	d 1	f 2	h 3

Übung 112

1

a mûrissent
b minci
c rougit
d jauni
e grossir
f pâli
g blondissent
h tiédir

2

a J'aurai 30 ans l'année prochaine.
b J'ai le vertige. / J'ai la tête qui tourne.
c Qu'est-ce qu'il veut faire plus tard ?
d Je commence à avoir froid.

e Cela ne s'arrange pas / ne s'améliore pas.
f Il est temps que je parte.
g Elle est arrivée deuxième.
h Il faut que ça change !
i Ne t'inquiète pas. Ça va s'arranger.
j Les jours allongent.
k Je vais réfléchir.

Vokabelliste
avoir; changer; allonger

Übung 113

1

a Il était couché immobile, sur le dos.
b Je préfère rester debout.
c Le chien est encore (couché) sur le lit.
d Restez assis.
e C'était fatigant. J'étais debout pendant tout le voyage.
f Elle est (assise) devant la télé toute la journée.
g Les enfants sont déjà couchés / au lit.

2

a 6	c 10	e 7	g 2	i 4
b 8	d 1	f 5	h 9	j 3

Übung 114

a Ils sont allés au théâtre, mais je n'ai pas voulu aller avec eux.
b Il était déjà parti quand je suis arrivé(e).
c Mes parents sont sortis ce soir.
d Le train pour Berlin est déjà passé ?
e Il ne portait pas de chapeau.
f Est-ce que la télé est éteinte ?
g Toutes les portes étaient ouvertes.
h Ton frère est déjà levé ?
i Les magasins sont déjà fermés.
j Laissez-moi passer, s'il vous plaît.
k À quelle heure finit le film ?
l Fermez vos livres.
m J'ai perdu un bouton.
n J'ai fini.
o Entrez.
p La lumière est allumée.
q Tu viens avec nous, ce soir ?
r On y va ! / Allons-y !
s Qu'est-ce qu'on a comme devoirs à faire pour la semaine prochaine ?

Übung 115

1

a 6	c 8	e 13	g 5	i 12	k 3	m 4
b 9	d 10	f 2	h 11	j 1	l 7	

2

a Voilà, j'arrive.
b Coucou, me voilà.
c Voilà le journal que vous avez demandé.
d Les voilà !
e Voilà, ça suffit.
f Voilà votre bière.
g Voilà au moins un point sur lequel nous sommes d'accord.
h Voilà madame Leduc.
i Voilà ce sur quoi nous devons réfléchir.
j Voilà presque un an que cette aventure a commencé.
k Voilà, j'ai une bonne et une mauvaise nouvelle.
l Voilà pourquoi j'aimerais que tu réagisses vite.

Übung 116

a bistrot
b clefs
c hachisch
d tzigane
e pivert
f lombago
g dorade
h guru
i cacahouettes
j pagaille
k mél
l cédérom

Übung 117

montrent; nouvelles; célébrités; vie; groupe; Fondée; tâche; à la recherche; œuvrent; l'objectif; laissant de côté; l'extraordinaire; solutions; publie; se procurer

Übung 118

1

a 4	c 6	e 1
b 3	d 5	f 2

2

a handicapés
b femme au foyer
c éboueurs
d aveugles
e femme de ménage
f obèses

Übung 119

1

a	canard	g	éléphant
b	cigale	h	cochon
c	loup	i	cheval
d	fourmis	j	chat
e	oiseau	k	chien
f	ours	l	tortue

2

a So ein Egoist! Er gönnt sich immer den Löwenanteil.
b Das ist keine Familie, das ist eine wahre Schlangengrube.
c Was für ein Hundewetter!
d Er hat mich schon wieder versetzt. Das ist das letzte Mal, dass ich mich mit ihm verabrede.
e Kein Wunder, dass er gestresst ist: Er rennt immer zwei Sachen gleichzeitig hinterher.
f Man kann ihm schwer folgen: Er kommt immer vom Hundertsten ins Tausendste.

Übung 120

a 2 courre, 3 cours, 4 courts, 5 court
b 1 seau, 2 sceau, 3 saut, 4 sot
c 1 verre, 2 vers, 3 ver, 4 vers, 5 vers
d 1 sent, 2 sang, 3 cent, 4 sans

Vokabelliste
courre; court; seau; sceau; cents

Übung 121

Horizontalement	Verticalement
2 doryphore	1 mégalomane
4 misogyne	3 hippodrome
8 xénophobe	5 mammifère
9 interlocuteur	6 pisciculture
11 philatéliste	7 fébrifuge
12 somnifère	10 omnivore

Übung 122

a Ce cours m'a beaucoup apporté.
b Cette affaire ne m'a rien rapporté.
c J'ai dû conduire ma fille chez le médecin.
d Ils ont montré ce reportage à la télévision.
e Qu'est-ce qui vous a amené à faire une telle chose ?
f Je l'ai raccompagnée à la maison / chez elle.
g Il me fait toujours rire.
h Cette chaîne diffuse toujours les mêmes films.
i Je ne voudrais pas vous mettre dans l'embarras.
j J'ai essayé. Ça ne sert à rien.
k Porte le journal aux voisins.
l Qui a apporté ce paquet ?
m Tu ne peux tout de même / quand même pas faire ça.
n Je mets vite les enfants au lit.
o Cela ne lui portera pas chance.

Übung 123

1

a	l'argent	d	l'argent
b	la monnaie	e	L'argent
c	monnaie	f	monnaie

Vokabelliste
blanchiment d'argent; la monnaie unique; la pièce de monnaie

2

a Les pays de l'U.E. ont introduit l'euro comme monnaie commune en 2001.
b Pour mon anniversaire, j'ai eu de l'argent.
c Pouvez-vous faire la monnaie, s'il vous plaît ?
d Un avare est quelqu'un qui aime l'argent.
e Il a gagné beaucoup d'argent au loto.
f Je n'ai pas d'argent sur moi.
g L'argent ne fait pas le bonheur.

Übung 124

1

a 5	c 6	e 7	g 2
b 8	d 3	f 4	h 1

2

a Je dois me lever tôt demain matin.
b Vous me devez deux mois de loyer.
c Elle ne doit pas être au courant.
d Tu dois avoir faim.
e Elle ne devrait pas regarder tant la télé.
f Elle a dû l'oublier.
g Tu devrais faire attention.
h Je lui dois tout.
i Tu aurais dû m'informer.
j Elle doit avoir une quarantaine d'années.

Übung 125

a Toulouse est situé sur la Garonne.
b C'est écrit dans le journal.
c Où est (garée) ta voiture ?
d Il y avait de l'eau partout.

e Elle l'a laissé tomber.
f J'ai le mot sur la langue.
g Le feu est (au) rouge.
h C'est dû au climat.
i Il est en prison depuis six mois.
j Cette robe tombe bien.
k Elle a redoublé.
l L'oiseau est (perché / posé) sur la branche.
m Il est à l'hôpital.
n Il me soutient toujours.
o Nous ne nous sommes pas arrêté(e)s.
p Un arbre se dressait au milieu de la cour.
q Ma voiture est tombée en panne.

Übung 126

a Was macht ein Gastgeber, wenn er auf seine Gäste wartet?
b Essen Rechtsanwälte gern Avocados?
c Stell den Fisch kalt, damit er frisch bleibt.
d Steht das Auto nicht in der Garage? – Nein, ich habe es in die Werkstatt gefahren.
e Er ist so empfindlich, dass er beleidigt sein könnte.
f Ich habe meine alten Batterien auf einen Haufen gelegt.
g Verwechseln Sie nicht einen Aknepickel mit einer Rosenknospe.
h Ich hatte die Anweisung erhalten, mein Gepäck im Schließfach zu lassen.
i Meine Eltern haben Besuch von entfernten Verwandten gehabt.
j Kannst du das Rinderfilet aus meinem Einkaufsnetz herausnehmen?
k Ein Versicherungsvertrag gibt nicht automatisch Sicherheit.
l Eine große Glasfront ermöglicht einen wunderschönen Blick auf die Bucht von Audierne.

Vokabelliste
der Gastgeber / der Gast; der Rechtsanwalt / die Avocado; nachdenken / widerspiegeln; kalt / frisch; die Garage / die Werkstatt; empfindlich / könnte; der Haufen / die Batterie; der Pickel / die Knospe; die Anweisung / das Schließfach; die Eltern / die Verwandten; das Filetstück / das Einkaufsnetz; die Versicherung / die Sicherheit; die große Glasfront / die Bucht

Übung 127

a 1 exact, 2 bon
b 1 grossière, 2 épais, 3 lourd
c 1 épaisse, 2 lourd, 3 chaud
d 1 incohérent, 2 liquide, 3 fragile
e 1 mince, 2 calme, 3 faible
f 1 frisés, 2 souple, 3 douce

Übung 128

contents; bicyclette; du succès; énervent; amateurs; constatez; cloche; hors d'usage; absents; découragé; borne; vous vous rendez; problème; stations; dégradés; en circulation

Übung 129

a une distribution
b remue-méninges
c une anthologie
d entraîneur
e une pause
f restauration rapide
g l'apparence
h à bas prix
i une réunion d'information
j la voiture partagée
k le crédit-bail

Übung 130

1

a Kann ich Ihnen / euch helfen? – aider
b Ich rufe dich morgen an. – téléphoner
c Er kann verdammt gut zeichnen. – dessiner
d Wenn Sie einen Blick darauf werfen möchten. – regarder
e Er gab mir einen Faustschlag. – frapper
f Er ist sehr schnell gealtert. – vieillir
g Gegen Mittag war ich plotzlich müde. – être fatigué
h Er hat einen großen Appetit. – manger beaucoup
i Kannst du schnell meine Jacke bügeln? – repasser
j Er hat seine Sache gut vorbereitet. – préméditer
k Ich habe mich erkältet. – s'enrhumer
l Er hat ganz laut geschrien. – crier
m Er hat sich nicht mal gekämmt. – se recoiffer

2

a 11	c 5	e 2	g 10	i 4	k 6
b 9	d 7	f 1	h 3	j 8	

Übung 131

a [klœb]
b [jɔt]
c [ɑ̃dbal]
d [futbɔl]
e [klun]
f [lidœʀ]
g [staʀtœp]
h [dizajn]
i [flœʀt]
j [dʒɔb]
k [gadʒɛt]
l [dʒin]
m [myzikol]
n [ʀ(ə)pɔʀtɛʀ] / [ʀ(ə)pɔʀtœʀ]
o [sɑ̃dwitʃ] / [sɑ̃dwiʃ]
p [pipœl]
q [ʒɛʀzɛ]
r [dʀink]
s [mɛl]
t [bʀɛk]
u [syspɛns]

Übung 132

Horizontalement

2 obéi → obéir
6 déteste → détester
8 reçus → recevoir
9 renvoyé → renvoyer
10 arrêté → arrêter

Verticalement

1 continuons → continuer
3 habitez → habiter
4 payé → payer
5 énerver
7 écrit → écrire

Übung 133

a citoyens
b bobo
c citoyens
d citoyen
e habitants
f citoyens
g bourgeois
h citoyen
i bourgeois
j bourgeois
k habitants
l citoyen

Übung 134

a Nous passons nos vacances en Espagne.
b Nous ne travaillons pas / On ne travaille pas demain.
c Elle passe le permis dans une semaine.
d Cela me cause du souci.
e Cela me rend malade.
f Quand prends-tu tes vacances ?
g Elle se complique la vie.
h Je remplis ton verre ?
i Bon, d'accord, je commence …
j Ça fait combien ?
k Asseyez-vous, je vous en prie.
l Prends ça, ça va te guérir.
m Qu'est-ce qu'on peut faire contre ça ?
n L'argent ne m'intéresse pas.
o Je t'ai préparé une infusion.
p Bien joué !
q Cela ne me fait absolument rien.
r Il ne veut jamais participer.
s J'ai nettoyé la voiture.

Übung 135

1

a Ich muss weg. – Il faut que
b Er müsste bald anrufen. – devrait
c Ich musste lachen. – n'ai pas pu m'empêcher de
d Wovon sollen wir leben? – vivrons
e Es muss sein. – faut
f Wir müssen vorsichtig sein. – devons
g Das muss unangenehm sein. – doit
h Soll ich später noch einmal anrufen? – Voulez-vous que
i Du musst nicht bleiben. – pas obligé

2

a 7 c 8 e 1 g 3
b 5 d 2 f 6 h 4

Übung 136

1

a élu 4
b vote / votera 8
c fait / composé 6
d élu 7
e voté 2
f choisi 1
g voté 3
h voté 5

2

a vote → die geheime Wahl
b élections → die Wahlergebnisse
c vote → das Wahllokal
d choix → die Wahl der Waffen
e vote → die Briefwahl
f élections → die Präsidentschaftswahlen
g choix → die erste Wahl
h choix → seine Wahl treffen
i élections → freie Wahlen
j vote → der Wahlzettel

Übung 137

a rayon(s) → Strahlen / Abteilung / Speichen / Abteilung
b appris → gelernt / beigebracht / erfahren
c bureau(x) → Schreibtisch / Tabakladen / Arbeitszimmer / Büro
d pièce(s) → Figur / Zimmer / Dokumente / Geldstück
e chaîne → Fließband / TV-Kanal / Bergkette
f bombe → Reitkappe / Spraydosen / Bombe

Übung 138

1

a villes
b citadins
c municipalité
d cités
e urbanisme
f cité
g municipale
h urbaines
i citadine
j Cité

2

a municipales / Kommunalwahlen
b ville / Altstadt
c jardin / Gartenstadt
d urbain / Stadtflucht
e urbains / städtische Verkehrsbetriebe
f interdite / verbotene Stadt
g natale / Geburtssatdt

Übung 139

1

dans; de; à; dans; au; Après; en; avant; par; dans; le long de; par

Vokabelliste
au; en; par

2

en; sur; à; en; selon; sur; durant; à

Vokabelliste
en; à; sur

Übung 140

1

a dénuement
b allocation
c prodigue
d l'intention
e recouvré
f infestée
g vénéneux

Vokabelliste
die Armut; die (finanzielle) Unterstützung; großzügig; die Absicht; wiedererlangen; befallen; giftig

2

a La vipère est un serpent très venimeux.
b La plaie s'est infectée.
c Nous sommes tous partis après l'allocution du maire.
d Je n'ai jamais appris le dénouement de cette histoire.
e La neige avait tout recouvert.
f Mozart était un enfant prodige.
g Je vous remercie de votre attention.

Übung 141

a 12	e 11	i 13	m 3
b 8	f 16	j 1	n 2
c 14	g 15	k 7	o 4
d 6	h 10	l 9	p 5

Übung 142

a la raquette
b la pêche
c l'objectif
d le cadre
e la caisse
f le volant
g l'héroïne
h l'éclair
i la coupe
j la carrière

Übung 143

a 1 prend, 2 prendre, 3 prend
b 1 tire, 2 tire, 3 tirer
c 1 fermer, 2 fermé, 3 fermer
d 1 tenir, 2 tenir, 3 tient
e 1 court, 2 court, 3 court
f 1 pose, 2 posé, 2 Pose
g 1 porté, 2 porter, 3 porte
h 1 marchait, 2 marcher, 3 marché

Vokabelliste
prendre; fermer; tenir; tenir ; courir; poser; porter

Übung 144

1

a der Becher
b blau
c die Welt
d anstoßen (beim Trinken)
e die Dusche
f der Arm
g der Kontakt / die Begegnung
h das Brot
i das Brett

2

a 6	c 5	e 1	g 4
b 3	d 8	f 7	h 2

Übung 145

Horizontalement
3 ampoules
5 robinet
8 bouquet
10 ordonnance
11 écrous
12 dettes

Verticalement
1 aile
2 buts
4 plumes
6 bridge
7 montre
9 courrier

R

Die Zahlen beziehen sich auf die durchnummerierten Übungen.

R

Notizen

Notizen